高校课程思政与思政课程教学模式探究

李家源 李 银 孙溢敏 著

延吉·延边大学出版社

图书在版编目（CIP）数据

高校课程思政与思政课程教学模式探究 / 李家源，
李银，孙溢敏著. -- 延吉：延边大学出版社，2025. 2.
ISBN 978-7-230-07955-6

　　I. G641

　　中国国家版本馆 CIP 数据核字第 2025JH1251 号

高校课程思政与思政课程教学模式探究

著　　者：李家源　李　银　孙溢敏	
责任编辑：王宝峰	
封面设计：李　利	
出版发行：延边大学出版社	
地　　址：吉林省延吉市公园路977号	邮　编：133002
网　　址：http://www.ydcbs.com	E-mail：ydcbs@ydcbs.com
电　　话：0433-2732435	传　真：0433-2732434
印　　刷：天津荣鑫文化传播有限公司	
开　　本：787毫米×1092毫米　1/16	
印　　张：14	
字　　数：230千字	
版　　次：2025年2月第1版	
印　　次：2025年4月第1次印刷	
书　　号：ISBN 978-7-230-07955-6	
定　　价：68.00 元	

前　言

当今时代，高校不仅肩负着传授专业知识与技能的重任，更肩负着培养具有高尚品德、深厚人文底蕴和强烈社会责任感的高素质人才的历史使命。课程思政作为新时代教育改革的重要理念，正是为了实现这一使命而提出的创新教育模式。思政课程是立德树人、培根铸魂的课程。课程思政指以构建全员、全过程、全方位育人格局的形式将各类课程与思想政治理论课同向同行，形成协同效应，把"立德树人"作为教育的根本目标和任务。

本书旨在深入探讨高校课程思政的内涵、理论依据、实施策略及其在高校课程中的具体实践，以及高校思政课程的开发、教学模式与教学评价等，以期为高校教育工作者提供全面而深入的指导，推动"三全育人"理念在高等教育领域的广泛实践与深入发展。

本书首先从宏观角度阐述了课程思政的内涵、特点、要求及其重大意义；接着本书分析了课程思政实施的理论依据与基本原则，并对当前高校课程思政建设的现状进行了深入剖析，指出了其存在的问题，提出了创新思路与提质增效路径。同时，本书围绕高校人文社科类课程与理工科课程的课程思政实践进行了深入探索。本书讨论了新文科背景，人文社科类课程思政的顶层设计、建设路径以及具体专业的课程思政实践案例；对于理工科课程，本书强调了课程思政建设的原则与要求，探讨了资源的开发与实施要领，并通过具体案例分析展示了理工科课程思政的生动实践。

其次，本书关注高校思政课程的开发、教学模式以及评价体系的建设。本书在探讨思政课程开发的概念、问题与对策的基础上，详细分析了教学模式改革的基本原则、思路与创新方向。本书对高校思政课程评价体系的构建提出了见解，旨在通过科学合理的评价机制促进课程思政的持续改进与优化。

最后，本书讨论了课程思政与思政课程的同向而行与协同发展的相关问题，并探讨了"大思政"育人格局下，思政课程与课程思政协同育人的理论基础、机制构建与实践策略。

本书力求理论与实践相结合，既有对课程思政理论的深刻阐述，也有对高校课程思政实践经验的总结提炼；既探讨了高校思政课程教学模式，也讨论了高校思政课程教学方法。希望通过本书的出版，能够激发更多高校教育工作者对课程思政的关注与思考，共同推动课程思政理念在高等教育中的广泛传播与深入实践，为培养德智体美劳全面发展的社会主义建设者和接班人贡献力量。

本书由李家源、李银、孙溢敏撰写，张赪、王佳文、李华琼、陈晨对整理本书书稿亦有贡献。

衷心感谢所有参与本书编写、审阅与出版的同仁，以及为笔者提供宝贵案例与经验的各高校师生。由于时间与水平所限，书中难免存在不足之处，恳请广大读者批评指正，共同推动高校课程思政与思政课程研究和实践的不断进步。

作者

2024 年 8 月

目 录

与渊博的学识活跃课堂气氛，让学生在情感体验中产生共鸣，让知识的传授更有温度，在潜移默化中提升教学效果。思政课的内容通过隐性的形式贯穿于其他课程的教学过程，其目的在于扩大思政课的影响力，而不是削弱思政课在整个思政教育体系中的地位与作用。

二、高校课程思政的构成要素

（一）教师是课程思政的教学主体

课程思政的教学主体是高校全体教师，包括专业课教师、思政课教师及辅导员等。教师在新时代高校思政教育的过程中起着主导且不可替代的、至关重要的作用。高校学生是国家未来的接班人和民族的希望，而高校教师作为这类群体的引路人，首先并且也是最重要的是要具有较高的道德修养和思想觉悟，其次要具有渊博的知识和过硬的专业技能，并且还要树立终身学习的观念，并且要以关爱学生、因材施教、立德育人作为职责和使命，实实在在地把立德树人贯彻落实到教案设计、课堂教学、师生互动等各个教学环节。要想真正、高效率地贯彻落实高校课程思政，需要专业课教师、思政课教师、辅导员等全体教师协作育人、共同努力。但是相比较而言，专业课教师在高校教师中占多数，是高校师资力量的构成主体。因此，专业课教师是课程思政的关键力量，他们必须以立德树人作为根本任务，并且在成长与发展的全过程中始终将立德树人作为导向和终极目标。最后，高校需要时刻关注专业课教师的德育意识和德育能力的提升，通过组织专业课教师和思政课教师的学习交流活动，彼此分享学习、工作经验，以此达到专业课教师和思政课教师协作育人的目的。

（二）学生是课程思政的目标群体

高校课程思政的目标群体是全体高校学生。这就要求高校全体教师在日常的课堂教学过程中把学生放在主体地位，给予学生一定的尊重，认真细致地观察学生的学习状态和对知识的吸收和理解能力，及时调动学生的学习热情，巧妙引导学生积极主动地学习思政课程。在课堂教学过程中，教师要想实现课程思政效果的最优化，必须调动学生的主观能动性，激发他们的学习热情。高校教师在教学过程中可以通过多种方式，如分成不同的小组进行讨论，将思政知识与生活中的事例结合进行案例分析，随机点名提问等，以此来提升课堂的趣味性，从而激发学生们的学习热情，使学生主动学习、主动思考，培养学生用辩证思维看待问题的能力，进而实现课程思政质量的大幅度提高。并且，在课堂教学过程中以及与学生的日常交往中，教师要拉近与学生的距离，与学生产生情感共鸣，从而更好地促进思政教学目标的实现。

（三）专业课程是课程思政的基本载体

课程思政是以各学科课程为依托，把思政教育教学活动贯穿于各学科课程的始终，最终实现立德树人的根本任务和终极目标。由此可知，开展课程思政的基础和关键是各学科课程，没有各学科课程作为基础支撑，课程思政将无法开展，更无法发挥其育人功能，无法实现立德树人的根本任务和终极目标。因此，课程思政需要以各学科课程为基本载体，二者共同发力，最终使各学科课程都能最大限度地发挥立德树人功能。专业课程则是除思政课程以外占有举足轻重地位的课程，是"寓德于课"的重要平台。在高等院校开设的每一门课程中都可以提炼总结出其在社会主义核心价值观方面的要求，这些要求恰恰就是专业课程与思政教育相辅相成、相互联结的因素。例如，专业课教师通过不断思考，挖掘出专业课中的家国情怀等思政元素，以隐性的教育方式潜移默化地激发学生对专业课的学习兴趣，并且达到课程思政的育人效果。

三、课程思政的当代价值

课程思政理念的提出是改进和加强高校思想政治工作的需要，对于落实立德树人的主体责任，确保全员、全过程、全方位育人要求的实现具有重要的推动作用，同时也有助于全面提高高校思政工作的水平和质量。

（一）与思政课程相结合

一方面，课程思政有利于将专业知识与思政教育相融合。不同学科知识、理论和方法的引入，将进一步推动思政教育突破传统教育模式的局限，不断提高思政教育的知识性、学理性，以及方法的多样性，从而形成更为科学、系统的思政教育体系；另一方面，课程思政有助于丰富思政教育的内涵。课程思政将不同学科的课程进行整合，使其融入思政教育总体格局，促使思政教育不再局限于思政课，而是拓展至所有课程，其教育吸引力和感染力也得以提升。

（二）坚持育人为本的导向

课程思政的实施，有助于推动思政教育的现代转型。在育人为本的导向下，推进思政教学改革，需要从学科、教材、教学、管理等方面做好规划和引导。

首先，就学科而言，课程思政要重视哲学社会科学的育人功能。2016 年 5 月，习近平总书记在哲学社会科学工作座谈会上指出："高校哲学社会科学有重要的育人功能，要面向全体学生，帮助学生形成正确的世界观、人生观、价值观，提高道德修养和精神境界，养成科学思维习惯，促进身心和人格健康发展。"习近平总书记的讲话指明了高校哲学社会科学的使命和责任。哲学社会科学所具有的培养学生的理想信念、道德情操、法律意识、生活态度等功能，也为课程思政的实施提供了可能性。

其次，就教材而言，应加强教材工作，推进教材体系的构建，编写一批立场坚定、内容科学、体系完备、特色鲜明的教材。

最后，就教学而言，应制定完备的教学指南，明确相关专业课所对应的思政教育内容。课程思政要求高校各类、各学科课程都体现育人功能，所以必须明确各学科、各类课程所应承担的思政教育责任。高校要在尊重各类课程的差异性和独特性的基础上，吸收和借鉴思政课的教学经验，融合哲学社会科学、理工科课程与思政教育，从而形成相应的教学指南，为课程思政的开展提供具体指导。

此外，高校要积极改进教学管理，强化课堂教学在思政教育中的主导作用。课堂教学是推进思政教育教学改革的核心环节，只有加强课堂教学管理，提升课堂教学质量,才能真正落实课程思政理念、推进课程思政体系建设。加强课堂教学管理要从以下几个方面努力:一是建立健全相关教学管理制度,将思想教育和价值引领明确纳入课堂教学管理制度;二是完善理论知识与实践方法相结合的课堂教学模式,加强实践教学环节,引导学生在理论学习的基础上,通过实践深化对理论的认识和理解,并在实践的过程中加强价值认同,完成价值内化;三是完善教学评价体系,将思政教育和价值引领作为课堂教学评价与教师教学评价指标,推进思政教育改革实施。

(三)坚持问题导向

2017 年 12 月,教育部党组印发了《高校思想政治工作质量提升工程实施纲要》,提出了新时代高校思想政治工作基本原则,其中第三点为"坚持问题导向,注重精准施策。聚焦重点任务、重点群体、重点领域、重点区域、薄弱环节,强化优势、补齐短板,加强分类指导、着力因材施教,着力破解高校思想政治工作领域存在的不平衡不充分问题,不断提高师生的获得感"。在这一原则的指导下,课程思政也应坚持问题导向,突破课程思政所面临的各种困境。

就现实性而言,课程思政有助于突破思政教育集中于思政课这一瓶颈,突破思政课"孤岛化"的现实困境。课程思政以育人为核心目标,贯通不同学科课程,使各学科课程都能真正参与高校育人工作,体现育人价值。在这一导向指引下,各学科课程与思政课成为协同合作的整体,相互滋养,相互支撑,形成育人合力,共同作用和服务于立德树人这一根本任务。

就教学目标而言,课程思政积极探索构建思政课、综合素养课和专业课"三位一体"的思政教育教学体系,使各类课程与思政课形成协同效应。此外,在课程思政理念的引导下,各类课程都要发挥不同的育人功能。思政课作为思政教育的主渠道,需要承担系统化开展马克思主义理论教育教学的主要职责;综合素养课则注重在培养学生综合素质的过程中传承中华优秀传统文化,提高学生的人文内涵;而哲学社会科学和自然科学课程则作为专业课,在具体的专业知识教育中凸显价值引领和人格塑造功能。各学科课程在育人目标的实现上相辅相成,体现出新的思政教育观。

第二节　课程思政的特点和要求

一、课程思政的主要特点

（一）隐蔽性

课程思政作为指导我国高校落实立德树人根本任务的新理念,其并不是直接、公开地对新时代高校学生进行施教,而是采取相对隐蔽的方式,将政治引导、思想引领、道德熏陶、心理健康教育,以及劳动教育等方面的内容渗透到教育教学活动中。课程思政所强调的是将价值观引导隐蔽在教育教学活动中,即在教育教学活动开展的过程中不进行形式上、"感觉上"的价值观引导,而进行事实上的价值观引导;隐去价值观引导的"形",让价值观引导在施教过程中不被高校学生直接感受到。所以,课程思政是"隐形"之教,它所追求的价值观引导是具有隐蔽性的。课程思政的隐蔽性主要表现在以下两个方面:

1. 施教过程的隐蔽性

专业课教师进行课程思政建设,是将政治引导、思想引领、道德熏陶、心理健康教育、劳动教育等方面的内容渗透于专业知识之中,使学生在学习专业知识的过程中接受价值观教育。在这一过程中,学生直接关注的是专业知识学习活动,而不会直接感受到价值观引导活动,甚至不会感受到价值观引导的存在,因此专业课教师的施教过程是隐蔽的。例如,医学专业的教师在急救课上可以对学生进行价值观引导,向学生传递医务工作者敬畏生命、救死扶伤的精神,这类课程的施教动机和施教过程与思政课具有明显不同。思政课教师对学生开展的施教活动是以思政教育本身的内容为基础展开的,而医学课堂中的价值观教育活动是隐蔽在医学教学活动中的。值得注意的是，这种隐蔽性要求专业课教师不能将价值观引导标签式地贴到专业知识上，而是要实现价值观引导与专业知识教育合二为一，使价值观教育与专业知识教育在形式与内容上达到一体化。那种将思政教育的目的、意图、内容等简单地负载于专业知识中，不在深层次融合上下功夫的做法不是真正意义上的课程思政。

2.受教结果的隐蔽性

课程思政要求专业课教师将思政教育元素融入专业知识中。对高校学生而言，在整个施教过程中，他们的思想是向专业课教师开放的，不存在主观的封闭和逆反倾向，所以能取得较好的教育效果。但是，由于专业课教师进行价值观引导的过程也是专业知识的传授过程，学生关注的重点在专业知识上，而不是其背后所蕴含的思政教育因素，其所获得的价值观引导效果会被专业知识的传授暂时遮住，一般不会立刻显露出来。

总而言之，高校专业课教师对高校学生进行价值观引导的方式是隐蔽的，高校课程思政具有隐蔽性。

（二）依附性

专业课教师不能孤立地对新时代高校学生进行价值观引导，而是要依附一定的载体，通过这个载体将专业知识所蕴含的思政教育元素不知不觉地渗透到新时代高校学生的心灵，并对其产生影响和发挥作用，这一载体就是专业课程。所以，依附性是高校课程思政的特点之一。专业课教师只有全面、正确地把握依附性这一特点，才能提高新时代高校学生价值观教育的实效性，提升价值观教育的渗透力、感召力、说服力和吸引力。因此，专业课教师需要精心组织教育教学活动，使新时代高校学生身体力行、积极参与，从中陶冶情操、树立信念、培养意志。

高校课程思政之所以具有依附性，原因有以下两点：第一，课程思政建设要求专业课教师依附一定的课程，向新时代高校学生传递专业知识所蕴含的思政教育元素；第二，专业课程是将专业课教师与新时代高校学生联系起来的形式和手段，双方需要依附于这种形式和手段进行互动。

课程思政的本质在于育人，围绕这一本质，专业课教学致力于实现知识传授与价值引领的同频共振，使新时代高校学生在学习专业知识的同时，受到价值观的熏陶，进而成为德智体美劳全面发展的社会主义建设者和接班人。由此可见，专业课蕴含了丰富的思政教育资源。以课堂教学为主要表现形式的专业课也能为经过专门培养的专业课教师所掌握和运用。在高校课程思政建设过程中，专业课教师与学生通过专业课教学这种有效形式发生多维互动，产生积极的教育效果，以达到价值观教育的目的。

总而言之，专业课教师需依附专业课对高校学生进行价值观引导。所以，高校课程思政具有依附性。

（三）浸润性

所谓浸润性，是指各个专业、各类学科以及课程积极挖掘其潜在的思政教育元素，并将这些思政教育元素浸润到课堂教学的全过程。课程思政实质上是一种隐性思政教育方法，其与理论灌输法有显著区别。

首先，这种浸润性表现为形式上的寓他性。思政课与课程思政的一个显著区别就是其自身的特殊性质，即将思政理论传授给受教育者，因此它是一种显性思政教育。但是，课程思政则不同，它要求专业课教师在讲授相关学科知识理论时渗透价值观引导，换句话说，就是将价值观引导寓于各个专业、各类学科，其在课程之中是显的，但其本身的存在方式是内隐的，是一种隐性思政教育。也就是说，课程思政表现的外在形式不是单一的，其内在的目的、意图以及内容是多维的。值得注意的是，课程思政不是静态的，而是动态的。

其次，这种浸润性重点强调的是内容上的融合性。在不破坏原有思政课的前提下，专业课教师积极开发各自所属专业、学科以及课程中的思政教育元素，将价值观引导体现在课堂教学的全过程以及各个环节，突出的是融合中的浸润。把握这种浸润性，就要注意把握浸润之魂。这里所说的浸润是将价值观引导贯穿于各个专业、各类学科以及课程的每一个环节，而不是整个地将价值观教育置放在各个专业、各类学科以及课程的某个环节，这一点体现的是浸润的精髓与灵魂。

也就是说，课程思政建设的关键是要具有隐性育人的意识，要在课堂教学中植入隐性教育之魂，实现价值观引导与其他课程的融合，从而达到思政教育与其他课程形式与内容的一体化。那种将思政教育的任务、目的以及内容等简单地负载于各个专业、各类学科以及课程，而不在深层次的价值观融合上下功夫，并不构成真正意义上的课程思政。因为，课程思政的浸润性不是简单地对各个专业、各类学科以及课程提出价值观引导要求，或者在其基础上进行思政教育。

最后，浸润性对高校课程思政建设的顺利进行具有十分重要的意义。第一，坚持浸润性有利于打通思政课程和课程思政的协同育人通道。一般来说，思政教育主要包括显性思政教育和隐性思政教育两种形式。思政课程是显性思政教育方式之一，而课程思政实质上是一种隐性思政教育方式。从思政课程到课程思政，教育形式由直接教导到潜移默化，有利于丰富和完善思政教育方式，打通思政课程和课程思政的协同育人通道，形成思政课程与课程思政通力合作的局面，从而保障课程思政建设的顺利进行。第二，坚持浸润性有利于凸显主体性与主导性相结合的教育理念。高校课程思政建设是在充分尊重新时代高校学生自主性的基础上，从他们的实际需求出发，设计教育教学内容。但是有一点是不容忽视的，教师在教育教学过程中仍占据主体性与主导性地位。一方面，课程思政的顺利开展有利于充分发挥教师的主体性作用。在课程思政建设过程中，教师作为兼具能动性与创造性的主体，其主体性主要表现为对课程思政建设过程组织实施的主体性、对受教育者施教的主体性、对自身发展的主体性等。因此，课程思政建设有利于推动高校教师形成完整的知识结构，树立正确的思想观念，从而在知识量的储备和思想的先进性上优于新时代高校学生。另一方面，课程思政的顺利开展有利于继续深化教师的主导作用。虽然课程思政强调要尊重新时代高校学生的主动性与自主性，但是作为教育内容的实施者和教育活动的发起人，教师应发挥自身的主导性作用。教师的主导性主要表现为其在整个教育教学过程中的意识性。课程思政建设促使他们结合教育任务、目标的需要和学生思想的新变化，及时引导和调控活动的进程和发展方向，根据新时代的新情况采取不同的应对办法，从而彰显自身的主导性。

二、课程思政的基本要求

长期以来，我国高校将思政工作更多地交给思政课教师。实践表明，这一举措虽然取得了一定成绩，但仍存在不足。课程思政要求专业课教师参与到育人工作中，用专业知识蕴含的思政教育元素育人。因此，高校课程思政应按照立德树人的要求，明确政治导向，寓德于课，人文立课，对新时代高校学生进行价值观引领。

（一）正确的政治导向

政治导向规定了我国高校课程思政的方向性问题。在这里，政治导向就是指我国高校课程思政建设要坚持社会主义办学方向。办什么样的大学、坚持什么方向、高举什么旗帜，是高等教育发展的根本性问题。正确的政治导向对高校课程思政建设的顺利进行具有十分重要的意义。

首先，只有坚持正确的政治导向，才能实现课程思政的本质要求。课程思政的根本任务是立德树人，为国家培养符合社会发展要求的时代新人。育人是课程思政的本质。育人的方向问题是根本问题，只有把握住为社会主义培养人这一根本方向，才能确保课程思政不变质。

其次，只有坚持正确的政治导向，才能统一新时代高校学生的思想与行动，真正发挥课程思政的作用。正确的政治方向是统一新时代高校学生的思想、协调课程思政各方面的力量，使之同向发挥作用的根本保证。因此，无论出现什么状况，课程思政都要将政治性置于重要位置，社会主义的办学方向坚决不动摇。

最后，只有坚持政治导向，才能实现课程思政的价值。课程思政价值的实现程度与其是否达到教育目的，以及达到的程度息息相关。要实现培养合格社会主义建设者和可靠接班人的目的，坚持社会主义方向是根本要求。因此，明确政治导向是达到课程思政目的、实现课程思政价值的内在保证。

（二）寓德于课

立德树人是我国高校的立身之本。大学阶段的教育不单单是向学生传授科学

11

文化知识，还要帮助学生形成积极健康的精神状态、良好的道德品质以及高尚人格。这是一段十分难得而又弥足珍贵的人生阅历和体验。立德不仅是思政教育的重点内容之一，还应成为高校课程思政建设的重要组成部分。德育需要借助一定的载体才能实现自身的功能，课程思政建设为德育提供了课程这一载体。

德是立身之本，立国之基。自古以来，中华民族就将以德修身、从政以德作为崇高的价值追求。评价一位教师是否是一名优秀教师，不仅要看其是否精于"授业"和"解惑"，更要看其是否以"传道"为责任和使命。也就是说，看教师是否做到"经师"和"人师"的统一，立德的要求就潜隐在这一评价标准中。培养社会主义事业合格建设者和可靠接班人是每一位高校教师的任务，而德智体美劳全面发展是社会主义事业合格建设者和可靠接班人的应然状态，德是首位。所以，高校课程思政建设应突出对学生的德行教育。

一直以来，思政课程在高校学生立德过程中发挥着关键作用。但是，这一教育任务不是仅仅靠某一门课程就能完成的，而是所有课程都要承担这一任务。从这个意义上来看，除思政课程外，其他专业课程肩负同样的责任，要与思政课程同向发力。然而，在实际的育人过程中，很多高校在某种程度上存在着思政课程与专业课程相脱节的问题，在认识上形成一种误区：帮助高校学生立德是思政课程的任务，专业知识教育是专业课程的任务，二者没有联系，甚至毫不相干。这一认识误区将思政课程与专业课程对立起来，割裂了二者在立德上的一致性。因此，课程思政理念的提出有效地弥补了这一不足，使立德成为所有课程及教师的任务。立德并不是游离于课程之外的"幽灵"，而是课程的应有之义。课程思政所要实现的正是寓德于课，从而为国家、社会和人民培养德才兼备之人。

（三）人文立课

人文素养的范畴是十分宽泛的，人文精神是人文素养的重要组成部分，它是一种对人类生存意义和价值的关怀。我国高校课程思政建设的载体并不是单指某一门课程，而是除思政课外的其他所有课程都可以成为这一载体，没有高低、优劣之分，只是在难易程度上存在差异。

从本质上来看，每门课程都具有育人功能，课程教学包括教书与育人两种维度，人文精神则蕴含其中；只不过在实际教育教学过程中，不同类型的课程在不同程度上隐藏了人文精神。高校学生只有接受了知识教育与价值观教育，才能称得上接受了健全的教育。人文精神教育对高校学生形成健全的人格具有十分重要的意义。教师是履行教育教学职责的专业人员，承担着教书育人、培养社会主义事业建设者和接班人、提高民族素质的使命。因此，高校课程思政建设强调专业课教师在教学过程中积极挖掘人文精神，扩充知识的内涵，赋予知识教育一定的情趣，将能力培养落到实处。

在高校课程思政建设中，专业课教师须认真学习、领会、贯彻立德树人是教育的根本任务和潜在的人文精神，自觉地在教育教学过程中将知识教育与家国情怀教育、健全人格教育结合起来；充分挖掘课程所蕴含的思政教育资源，对课程思政进行深刻的认知和理解，将对人类生存意义和价值的关怀有机地渗透到知识教学中，使所有课程发挥育人功能。

（四）价值引领

高校课程思政建设要求各门、各类课程挖掘潜在的思政教育元素，并将思政教育元素有机地融入教育教学过程。其中，思政教育元素主要指思政教育内容，不单是具体的思政教育理论知识，也可以是思政教育所体现的一种价值理念和精神追求。

一方面，从融入的具体内容来看，将培育和践行社会主义核心价值观融入专业知识传授与能力培养活动，实施性较强，融合模式易于实现，能够彰显高校课程思政的价值引领特点；另一方面，从融入的抽象内容来看，课程思政建设不是要将思政教育的基本理论知识灌输给高校学生，而是要通过隐性思政教育的方式引导高校学生树立正确的世界观、人生观、价值观，从而实现对高校学生的价值引领。"拔节孕穗期"的学生离不开栽培和教导，他们价值取向的科学与否将对未来整个社会的价值取向产生重要影响。因此，无论是从融入的具体内容还是抽象内容来看，高校课程思政建设都是以价值引领为核心的。

第三节　新时代践行课程思政理念的重大意义

2024 年，习近平总书记对学校思政课建设作出重要指示强调：新时代新征程上，思政课建设面临新形势新任务，必须有新气象新作为。高校要坚持以习近平新时代中国特色社会主义思想为指导，全面贯彻党的教育方针，落实立德树人根本任务，坚持思政课建设与党的创新理论武装同步推进，构建以习近平新时代中国特色社会主义思想为核心内容的课程教材体系，深入推进大中小学思政教育一体化建设。要始终坚持马克思主义指导地位，以中国特色社会主义取得的举世瞩目成就为内容支撑，以中华优秀传统文化、革命文化和社会主义先进文化为力量根基，把道理讲深讲透讲活，守正创新推动思政课建设内涵式发展，不断提高思政课的针对性和吸引力。除思政课外，其他各门课程也要加强思想引领，所有学科的教师都应发挥育人作用。践行课程思政理念，贯彻落实习近平总书记重要讲话精神，既是提升思政课教学效果、提高思想政治工作质量的重要保证，也是培养时代新人的内在需要。

一、有效提升高校思政课的教学效果

高校思政课是高校思政工作的主要阵地和重要渠道，目前思政工作融入课堂教学主要体现在高校思政课。但是，在实践教学中，思政课的课堂教学效果却不甚理想。对高校学生进行思政教育，主要是以课堂教学形式为主导，传授政治知识、引导思想认知。这种形式是以"直线式"思维为基础，教学内容相对滞后，教学方法相对单一，对学生的吸引力不够。而课程思政理念的提出，对提升高校学生政治素养具有直接促进作用。

（一）有助于让全体教师树立"三全育人"理念

一方面，课程思政理念的实施要求所有教师在课堂教学中处理好知识传授和价值引领的关系。在加强思政教育的总体目标指引下，每门课之间要共享信息、加强关联；每门课的授课教师都要增强育人意识和育人责任，交流互动，形成人才培养的全面联动机制。另一方面，课程思政理念的实施能使专业课教师认识到马克思主义理论和马克思主义中国化时代化最新成果的博大精深，能有效扭转极少数师生可能持有的"思政课无用论"的错误观点，逐渐认识到马克思主义的重大价值，自觉增强对马克思主义经典理论、习近平新时代中国特色社会主义思想的认同。

（二）有助于进一步挖掘各学科课程蕴含的思政教育资源

在过去，思政教育仅体现在部分课程中，更多时候是少数职能部门的"单打独斗"和少数教师的"自主摸索"，无法满足现实生活中学生的多元化需求，也不能适应新时代社会发展的复杂性、多变性趋势。课程思政的实施将更多的教师调动起来，对各学科、各课程中蕴含的思政教育资源进行深入挖掘，使学生在学习知识的过程中，提升自己的能力、完善自己的人格，将个人成长与社会发展协同起来。

（三）有助于逐步形成合力育人的体制机制

一方面，课程思政的实施能推动各类课程教师逐渐形成齐抓共管、协同合作的育人合力。思政课教师将对学生的思政素质培养放在首位，综合素养课教师将学生的思政素质培养和综合素质培养结合起来，专业课教师把专业知识传授和价值观引领有机统一起来，从而形成优势互补的合力育人机制。另一方面，课程思政的实施能推动学校各部门之间的通力合作，教务处和研究生院在课程建设上统筹协调，宣传部和文科处在课程内容导向上把好关，学生处和团委在社会实践环节上做好设计，财务处和规划处在综合资源保障上下功夫，服务保障部门积极做好全方位的配套支撑等。全校上下一盘棋、协作发力。

二、有效提高高校思政工作质量

相比于传统的思政教育理念，课程思政在观念上有所突破、在载体上有所拓展、在内容的丰富性和方法的创新性等方面都有所提升。通过创新思政教育理念，主动转变思路，充分挖掘各类课程所蕴含的思政教育资源，促进包括综合素养课、专业课在内的各类课程与思政教育有机融合，从而拓展思政教育的内涵与外延，实现全员育人、全过程育人的大思政格局，对提升高校思政工作质量有着重要意义。

（一）有助于推动线下思政工作与课堂育人形成育人合力

在传统的观念中，思政教育一般依赖线下的思政工作。但课程思政理念则认为，要发挥课堂教学的作用，加强课堂教学与思政教育的融合，必须通过课堂教学来增强育人实效。

高校的重要使命是立德树人，因此不仅要实现知识探究、能力培养、人格养成的目标，更核心的任务在于价值引领，担负起引领高校学生成长成才的使命。对高校学生开展思政教育，并不只是线下思政工作的使命，也不只是思政课的使命，而是所有教师、所有课程共同的使命。因此，利用好课堂教学，也是对高校学生进行思政教育的重要途径。但课程思政并不是要求所有教师都在课堂上进行直接的道德灌输和说教，而是要从教学目标出发，深入挖掘各专业知识中所蕴含的思政教育资源，加强对学生的理想信念、道德、价值观等科学引领。

教师在课堂教学中要注重理论与实践相结合，立足于中国特色社会主义建设的伟大实践，讲好中国故事，从每门课的知识点中挖掘思政教育资源，在课堂中做到育才与育德的统一，以"润物细无声"的方式引领学生关心党的发展和国家建设，引领学生处理好个体成长与奉献社会的关系，为涵养社会主义核心价值观提供理论基础、为践行社会主义核心价值观提供精神底色。特别是一些德高望重的学科专家、知名教授，由于其本身具有较高的道德威望和学术权威，因此他们在传授专业知识的过程中所传递出来的家国情怀等正能量，对高校学生而言更具有亲和力、感染力。以课堂教学为载体加强对高校学生的思政教育，将课堂教学主渠道功能发挥最大化，有助于与线下思政工作形成思政工作共同体，发挥全员育人的教育合力，进一步提高高校思政工作质量。

（二）有助于实现思政教育由阶段育人向全过程育人提升

高校思政课主要集中开设在大一和大二阶段，这就使得思政教育呈现出阶段育人的特征，在很大程度上制约着高校思政工作的整体效果。2017 年 2 月，中共中央、国务院印发了《关于加强和改进新形势下高校思想政治工作的意见》，指出要加强对课堂教学和各类思想文化阵地的建设管理，充分发掘和运用各学科蕴含的思政教育资源，健全高校课堂教学管理办法，坚持全员全过程全方位育人，把思想价值引领贯穿教育教学全过程和各环节。高校在加强思政课建设的同时，还要充分发挥其他课程的育人功能，发挥大一到大四每个阶段每门课程的育人作用，实现思政教育由阶段育人向全过程育人提升。

课堂教学活动是大学的基本活动。如果思政教育工作都集中在大学前半段，那么当这些课程结束后，思政教育的课堂理论教学就会出现空白。由于思政教育工作是做人的思想工作，而人的思想又会呈现出主观性和复杂性的特点，因此思政教育工作不是一个阶段和一个时期的集中教育就可以完成的，需要将思政教育工作贯穿于高校学生学习成长的整个阶段，才能实现全过程育人的目标。因此，提升高校学生思政工作的成效就必须超越阶段目标，树立全过程育人理念。课程思政正是这一理念的具体体现，其可以帮助思政工作实现由阶段育人向全过程育人提升。

课程思政不是增开一门课，也不是开展一项活动，而是挖掘专业课所蕴含的育人资源，通过润物细无声的方式，实现全过程育人引导。课程教学活动贯穿大学始终，课堂教学又是育人的主渠道。高校教师应在传授知识的同时隐性地开展思政教育，传播社会主义核心价值观。这样，既不会引起学生反感，又能实现全过程育人目标。高校教师应坚持在课程教学中贯穿思政教育，这对实现全过程育人的思政工作有着重要意义。

三、培养时代新人的内在需要

2016 年 12 月，习近平总书记在全国高校思想政治工作会议上指出："要用好课堂教学这个主渠道，思想政治理论课要坚持在改进中加强，提升思政教育亲和力和针对性，满足学生成长发展需求和期待，其他各门课都要守好一段渠、种好责任田，使各类课程与思想政治理论课同向同行，形成协同效应。"习近平总书记的论述突破了过去将思政教育局限于思政课的局限，成为新时期高校推动课程思政建设、发挥课堂育人主渠道作用的根本指针。充分理解课程思政，用好课堂教学主渠道，对高校坚持社会主义办学方向、确保育人工作贯穿教育教学全过程、实现立德树人的根本任务等方面有着重要实践意义。

（一）确保高校始终坚持社会主义办学方向

中国特色社会主义高校的根本性问题在于培养什么样的人、为谁培养人以及如何培养人。这一根本性的问题直接决定着中国特色社会主义高校的办学方向。改革开放以来，中国共产党始终坚持中国特色社会主义方向，选择了一条既从中国国情出发，又顺应世界发展潮流的中国特色社会主义道路，取得了前所未有的发展成就，为实现中华民族伟大复兴的中国梦奠定了坚实的物质基础。但是，中华民族伟大复兴不是一朝一夕就能实现的，而是需要经历一个长期的过程，需要一代又一代人为之不懈奋斗。因此，高校肩负着重大的使命。高校要始终把培养一代又一代的中国特色社会主义事业的合格建设者和可靠接班人作为初心使命。

围绕这一初心使命，高校的发展方向就需要始终同中国特色社会主义建设的现实目标和未来方向保持一致，努力做到为人民服务，教民之所需，育民之所求；始终坚持为中国共产党治国理政服务，确保党对高校的绝对领导，确立马克思主义在高校意识形态领域的主导地位；要始终坚持为巩固和发展中国特色社会主义制度服务，坚定道路自信、理论自信、制度自信、文化自信；要始终坚持为改革开放和社会主义现代化建设服务，着力培养中国特色社会主义合格建设者和可靠接班人；要做到始终坚持社会主义的办学方向，高校就必须进一步加强思政教育，践行课程思政理念，让所有的教师、所有的课程、所有的环节都承担起"培养什么样的人、为谁培养人、如何培养人"的历史使命，能更好地明确中国特色社会主义的办学方向，坚持社会主义大学的育人导向，把立德树人的根本任务落到实处，确保社会主义大学人才培养目标的顺利实现。

（二）确保育人工作贯穿教育教学全过程

长期以来，我国的教育事业十分重视育人工作，把育人作为教育教学最重要的功能。知识传授是育人的重要基础，课堂教学是育人的主渠道，学用结合是育人的重要目标。

课堂教学是高校教学的基本途径，也是联系师生的纽带。课堂教学的重要性不言而喻，它不仅是传授知识的主渠道，也是开展思政教育的主渠道。在传授知识的同时，教师自身的修养和人格也对学生产生了潜移默化的影响。"学高为师、身正为范"，教师的教学过程也发挥着思政教育的功能。在课堂教学过程中，教师应通过加强马克思主义理论的研究和建设工作，创新教学方式，增强思政课的亲和力、说服力和感染力，实现对学生的育人引导；在通识教育中融入德育，润物无声地传达价值追求与理想信念；在专业课教学中，通过挖掘专业课蕴含的思政教育资源，以专业知识为载体，通过教师的言传身教，实现对学生思想的引领。践行课程思政理念，将思政教育贯穿于高校教育教学全过程，能够更好地提高高校育人工作质量，用马克思主义理论武装高校学生的头脑，使其真正成为建设和发展中国特色社会主义事业的栋梁之材。

（三）确保实现立德树人根本任务

人才培养是高校的根本任务，立德树人是高校的根本使命。当前，高校面临着复杂多变的国际、国内环境，教育对象个性鲜明、思想活跃，受各类思想观念交锋和多元思想文化碰撞的挑战。这虽然给高校发展带来了机遇，但也带来了较大挑战。学生的思想容易受到外界影响，他们除在学校中接受主流思想和社会主义核心价值观教育外，还会受到社会各种非主流舆论和其他价值观的影响。这就需要教师不仅要注重对学生能力的培养，更要做好对学生思想引领和价值观的塑造工作。

因此，教师的使命不在于简单地向学生传授知识，还要解答学生在成长过程中遇到的疑惑，加强对学生的正向引导，将学生培养成"又红又专"的社会主义建设者和接班人。践行课程思政理念，明确要求教师在教学、科研、管理和服务工作中，既要服务于学科专业的发展，也要对学生的精神进行塑造。高校要进一步加强对课程思政的宣传，引导全体教师在教育教学工作中自觉践行社会主义核心价值观，以社会主义核心价值观引领学生的价值观成长和价值观建构，反对借助网络迅猛传播的各种错误思潮，减少它们给学生成长带来的负面影响，帮助学生扣好"人生的第一粒扣子"，从而确保立德树人根本任务的实现。

改革开放以来，随着全球化的推进和各种文化思潮的涌入，人们的思想日益多元化。如何在多元化中求统一、在多样性中求主导是亟须解决的问题。思政教育的意义阐释、价值追寻和精神引领使人们的理想更加坚定、内心更有力量、精神更加丰满、生命更有意义；通过思政教育的宣传动员使社会更加和谐、人际交往更加公平、社会更加诚信。因此，在保证传统高校思政课创新发展的同时，不断挖掘其他课程蕴含的育人资源，既是高校课程改革的重要任务，也是教师的重要责任。

第二章　课程思政实施的理论基础与基本原则

第一节　课程思政实施的理论基础

一、马克思主义关于人的全面发展理论

马克思主义认为，人的全面发展理论的基本内容包括人的劳动能力的全面发展、人的社会关系的全面发展、人的需要的全面发展和人的自由个性的全面发展。

（一）人的劳动能力的全面发展

人区别于动物的原因在于人具有劳动的本质。人类通过劳动求得生存与发展。因此，人的全面发展首先表现为人的劳动能力的全面发展。在《1844年经济学哲学手稿》中，马克思指出："劳动这种生命活动、这种生产生活本身对人来说不过是满足他的需要即维持肉体生存的需要的手段。而生产生活就是类生活。这是产生生命的生活。一个种的全部特性、种的类特性就在于生命活动的性质，而人的类特性恰恰就是自由的有意识的活动。生活本身仅仅成为生活的手段。"因此，马克思认为人的类特性就在于自由自觉性。劳动，作为人的根本实践活动，创造了人，也造就了人的类本质。因此，劳动能力的强弱和劳动水平的高低，直接决定并且反映着人的自由自觉性的发展程度，劳动能力的全面发展成为人的自由全面发展的根本。

（二）人的社会关系的全面发展

人处于社会关系中，社会性是人的本质属性，人的发展与其社会关系紧密相连。正如马克思在《关于费尔巴哈的提纲》中所指出的："人的本质不是单个人所固有的抽象物，在其现实性上，它是一切社会关系的总和。"人总是社会的人，总是在一定的社会关系中生存和发展。任何一个人的能力的形成、发展和完善，都离不开特定的社会关系。由此，马克思指出，社会关系实际上决定着一个人能够发展到什么程度。人的社会关系的发展是个人形成的社会关系日益普遍化、全面化的过程。每个人都有自己的社会圈，每个人每天都在同他人交往，也只有在同他人交往的过程中，人才能发展，所以说，个人的发展通常取决于与他发生交往的人。一个人的社会交往程度越高，社会关系越丰富，他的视野就会越开阔，获取的信息知识、技能、经验就越多，能力的发展就越快，就越全面、进步就越迅速。

（三）人的需要的全面发展

在马克思看来，正是人的需要的发展和需要的不断满足推动着人类与人类社会的文明进步。人的需要是人的意识活动及其他各方面行为活动的内在动力。人的需要是多样的和多层次的，不仅有物质需要，还有精神需要；精神需要中又有发展需要、自我实现的需要等。人总是在旧的需要得以满足后产生新的需要，从而推动各项事业的发展。所以，马克思指出，人的需要的发展证明了人的本质力量和人的本质的充实。人的需要具有层次性，需要形式的日渐多样，以及需要的不断满足，推动着人的全面发展，进而推动人类社会的全面进步。

（四）人的自由个性的全面发展

从马克思关于人的发展的三个阶段来看：第一个阶段是人对人的依赖，人的个性被淹没在依赖性的畸形人际关系之中；第二个阶段，在对物的依赖的基础上人的独立性有所发展，人的个性有所表现；只有到了第三个阶段，即自由个性的阶段，生产力高度发展，社会财富极大丰富，人们才注重追求个性的自由发展。这一阶段，也被称为"自由人的联合体"阶段。人的个性的自由发展程度是人的全面发展的综合表现。人的全面发展以人的个性的自由全面发展为基点，而人的个性的自由全面发展的程度代表了人的全面发展的优劣。

（五）人的全面发展理论对课程思政的指导作用

马克思主义认为,人的全面发展与人的个性自由发展是统一的。正如马克思、恩格斯在《共产党宣言》中指出的那样:"代替那存在着阶级和阶级对立的资产阶级旧社会的,将是这样一个联合体,在那里,每个人的自由发展是一切人的自由发展的条件。"个性自由发展以全面发展为基础,没有一定程度的全面发展,个性发展将是片面和畸形的。同时,全面发展也受到个性发展的制约。全面发展不是平均发展,是在基本能力得到全面提高这一基础上的个性独特而自由的发展。个性发展也并非完全"随心所欲",它关注的是每个人的潜能的充分发挥,绝不能以自己的所谓"个性发展"去损害他人的个性发展。马克思、恩格斯所认为的个性自由体现了人的现实社会交往关系,如社会经济关系、思想关系、政治关系等的变化、更新与发展。个性的人和人的思想是课程思政的对象,但课程思政并不排斥人的个性发展,而是要为个性自由的发展创造必要的环境与条件。因此,不仅应该尊重人的独特性和差异性,更应该努力培育人的健康和积极的个性,促进人的个性的充分自由发展,以使人在更大程度上实现自我价值和人的全面发展。

二、相关学科理论

高校课程思政研究要在新的历史条件下实现理论的发展创新,离不开相关交叉学科的视野。这一视野对于课程思政研究质量的提升、学科建设的推进和研究者能力的提高都具有非常重要的价值。对于研究者而言,应该确立一种"学科协同"意识,努力达到学科建设自觉,准确把握被教育者思政状况之"实然"并科学设定教育之"应然",为高校课程思政相关交叉学科的确立提供认识论基础。寻找相关学科和课程思政的交叉点可为确立课程思政的相关交叉学科提供充分的依据和科学的路径。

（一）教育学的相关理论

教育学作为研究教育现象、揭示教育规律的科学，是整个教育科学体系中的基础学科。课程思政从某种程度可以看作教育学的一个分支学科，教育学理当为课程思政方式、方法的完善提供理论借鉴，开拓新的思路。

1.教学规律理论

教育学强调教育过程要遵循教学规律，教学规律是客观存在于教学过程中的，不以主观意志为转移的本质联系。

（1）掌握知识和发展智力相统一的规律。学生掌握知识与发展智力培养能力是辩证统一的，单纯抓知识的传授或只重能力发展都是片面的。课程思政在重视对受教育者进行马克思主义基本理论知识传授的同时，也需要着力进行共产主义理想和信仰的教育，使受教育者"真信、真懂、真爱"，真正有效地实现马克思主义的大众化。

（2）传授知识与思想教育相统一的规律。在教学过程中，教师在传授知识的同时会对学生的思想感情、立场观点、意志性格、道德品质等产生一定的影响，使学生受到一定的品德和思想教育。因此，教师应严谨治学，为人师表。教师还应重视自身良好形象的塑造，做到知行统一、言行一致。

（3）教师主导作用和学生主体地位相结合的规律。在教和学的统一活动中，教师在教学过程中起主导作用，引导学生去认识和发展，学生是学习的主体。教师的主导作用和学生的主体地位是辩证统一的。课程思政中的教育者与受教育者的关系也呈现出主导和主体的特点，它们二者的关系如何，直接影响到课程思政活动的效果。

2.教学模式理论

教学模式是指建立在一定的教学理论或教学思想基础之上，为实现特定的教学目的，将教学的诸要素以特定的方式组合成相对稳定的教学结构框架，并具有可操作性程序的教学模型。重视对课堂教学模式的研究可以更好地把握教学关系，促进教学活动优化。课程思政在全面认识教育对象，提高教育效果的方法论方面，可从教学模式的方法论研究中获得大量启发。常见的教学模式有以下几种：

（1）传递—接受式。传递—接受模式以传授系统知识、培养基本技能为目标，强调教师的指导作用。该模式认为传授知识是教师到学生的一种单向传递的过程，非常注重教师的权威性。在课程思政实践中，大量活动也应选择这种模式进行，尤其是马克思主义科学理论知识的传递教育，教育者应在其中发挥指导作用，扮演"把关人"角色。

（2）引导—发现式。引导—发现模式是指在教学活动中，以问题解决为中心，以教师的引导为手段，以学生的发现为目的，提高学生发现问题和解决问题的能力，充分体现学生在学习过程中的主体地位。高校课程思政也应注重引导受教育者主动关注自身思政素质和品德素质的提高，调动他们发现问题和思考问题的积极性，避免在教育活动中出现教师唱"独角戏"的现象，切实提高高校课程思政活动的实效性。

（3）示范—模仿式。示范—模仿模式是指教师有目的地把示范技能作为有效的刺激，进行讲解、示范，以引起学生相应的行动，进行参与性的练习，从而使他们通过模仿有效地掌握知识技能。教师也应在教育活动中通过示范来引导受教育者通过模仿选择正确的行为。

3.教学方法理论

教学方法是教师和学生为了实现共同的教学目标，完成共同的教学任务，在教学过程中运用的方式与手段的总称。它既包括教师教授的方法，也包括在教师指导下学生的学习方法。教育学中有许多行之有效的教育方法，非常值得教师学习借鉴。

（1）讲授法。讲授法是教师通过口头语言向学生描绘情境、叙述事实、解释概念、论证原理和阐明规律的教学方法。讲授法是使用最早的、应用最广的教学方法，其他教学方法的运用，几乎都需要同讲授法结合进行。教师应重视自身口头讲授技巧和能力的培养，以获得良好的教育效果。

（2）参观法。参观法是根据教学目的和教学任务的要求，组织学生到一定的校外场所，让学生通过对实际事物和现象的观察、研究获得新知识的方法。参观法将社会活动作为活教材，能打破课堂和教科书的束缚，使教学与实际生活、生产活动密切地联系起来，取得良好的教育效果。思政教育工作者要勤于研究学生的特点，借鉴参观法等教学方法的特点，进行革命传统教育、正反典型教育、改革开放成果展等活动，让课程思政活动的形式生动起来，让教育富有成效。

（3）讨论法。讨论法是在教师指导下，由全班或小组围绕某一个中心问题发表各自意见和看法，共同研讨，相互启发，集思广益进行学习的一种方法。高校课程思政者也应借鉴讨论法"以他人为镜"的宗旨来指导和丰富自身开展活动的形式，进行相关理论和现实的热点、难点、疑点等问题的讨论活动，引导教育对象在集体教育和相互探讨的过程中，完成更有成效的自我教育。

（二）心理学相关理论

心理学是研究认识、情感、意志等心理过程和能力、性格等心理特征的科学。心理学在一般意义上研究了人的心理活动的本质和规律以及如何培养健康的心理，课程思政必须吸取和借鉴心理学所提供的一般理论和方法。实施课程思政的过程中，应注意把高校学生的心理障碍和政治、思想意识问题的区别和联系把握好，遵循教育对象的心理活动规律来开展教育活动。

1.个性心理形成与发展理论

心理过程是人所共同具有的，但这些过程具体表现在各个人身上却存在差异，这些个体差异的表现称为"个性心理"，它是个体身上表现出的比较稳定的心理特征。"人心不同，各如其面"，充分说明了人的个性心理差异普遍存在。教育实践证明，深入研究并把握个性心理及其形成发展规律，对于实施因材施教，开发人的潜能具有重大意义。

个性心理的形成和发展是多因素交互影响的结果，是在遗传素质的基础上，在一定环境和教育条件的影响下，经过个体积极主动的社会实践活动而被塑造出来的。其中，遗传是个性心理形成和发展的物质基础，社会生活条件是个性心理形成和发展的决定性因素，教育在个性心理形成和发展中起主导作用，个体的社会实践活动和主观能动性是个性心理形成和发展的内因。课程思政应借鉴人的个性心理形成与发展理论，掌握影响高校学生个性心理的各种因素，从而增强教育教学活动的针对性和实效性。

2.需要动机理论

需要动机理论认为，人的一切行为都是受本能需要的直接刺激而产生的，人固然有满足需要的一面，但更多地从理性的角度考虑满足需要的动机、行为对其生命的意义，以及对他人和社会的意义，从而自觉调整自己的需要、动机和行为。思政教育工作的任务是要指导高校师生及教职工以合理的方式来选择自己的需要，以合理的途径和手段来实现自己的需要，以正确的态度来对待挫折，使他们的思想和行为沿着健康、正确的轨道发展。

需要动机理论告诉我们，在社会主义条件下，最大限度地满足人们日益增长的物质需要和精神需要，是课程思政工作的重要内容；课程思政工作一旦脱离了人们物质需要和精神需要的满足，势必软弱无力，变成脱离人的思想实际的简单说教。从事课程思政工作的管理者，务必要了解工作对象的心理特征，认真分析与研究他们的物质需要和精神需要，并在可能的条件下尽量满足他们的需要，从而有效地调动他们的积极性和主动性。具体到高校课程思政工作中，就是要了解高校师生及教职工的需要，根据他们的实际的需要开展课程思政工作。在开展课程思政工作时，管理者应该注意以下几点：

第一，就目前我国高校的情况来说，物质需要是最基本的。在开展高校课程思政工作时，不能离开物质需要去谈论各种思想问题。物质利益是历史唯物主义的一个基本理论问题。物质利益是人类生存和发展的物质条件，人们对物质利益的关心是一个客观存在。人类要生存，就要有衣、食、住、行等物质资料，人们奋斗所争取的一切，都同物质利益有关。高校各项工作的开展也以物质利益为基本保证，如高校的教学改革、教材建设等，都需要相应的奖励制度做保障。

第二，人的需要是多种多样的，不能忽视人的精神需要。目前，我国高校的广大教职工已不再单纯地考虑生计问题，而更多地追求工作的成就感，尤其是广大教师。他们在教学中要求享有更多的教学自由，发挥教学管理中的主体地位和作用，进行具有自己特色的教学改革和尝试。广大学生在学习知识的基础上，更多地追求自身的发展，选择自己喜欢的内容学习，发挥自己学习的主体性。开展高校课程思政工作不能忽视这些精神需求。高校课程思政工作的核心任务是将思想政治教育元素，包括世界观、人生观、价值观、道德规范、法治观念等，有机融入各类课程教学中，实现立德树人的根本目标，培养德智体美劳全面发展的社会主义建设者和接班人，重点是在知识传授中强调价值引领，帮助学生树立正确的世界观、人生观、价值观。在帮助人们解决物质生活方面的实际困难的基础上，教育和引导人们从低级需要逐渐过渡到高级需要，追求更高层次的需要，以建设精神文明。

第三，对某些不能满足的需要，要发挥课程思政工作的调节作用。具体来说，就是对于那些不切实际的过高需求，要循循善诱地进行说服教育；对于无理的个人主义要求，应当进行有说服力的批评；对于一些正当的，但又一时未能满足的需要，要做好耐心细致的解释和说服工作。

3.心理学研究方法

心理学是介于自然科学和社会科学之间的一门实证性很强的学科，除一般自然科学共同使用的客观实验法外，还有结合人的心理特点的观察法、测验法和个案分析法等。心理学关于人的研究方法，课程思政是可以借鉴的。这对于发展和完善高校课程思政具有重大意义。

（1）观察法。观察法是有目的、有计划地观察被试者在一定条件下的言行变化，作出详尽记录，然后进行分析处理，从而判断其心理活动的方法。此研究方法最大的优点是被试者表现自然，尤其适合对其隐秘行为进行研究。

（2）测验法。测验法是通过标准化测验来研究个体心理或行为差异的一种方法。此方法最大的优点是测验编制严谨，效果可靠；量化程度高，结果处理方便；有常模可供参照；简便易行。

（3）个案分析法。个案分析法是对单个研究对象的某个方面或某些方面进行广泛深入研究的方法。此方法最大的优点是便于对对象进行全面深入的了解，而且可以结合其他方法，观察人的行为发展过程。

（三）管理学相关理论

激励是课程思政的一种重要方式。对学生的激励，就是通过一定的外在因素去诱发、活化学生个体的需要和动机，产生行为的推动力，使其有向着一定目标前进的积极性。在课程思政中实施激励的目的就是根据国家对人才培养的需要，提出了奋斗目标，通过一系列激励手段将学生个体满足某种需要的动机激发起来，产生一个与学校目标一致的、自觉的期望目标，继而倾力为之奋斗。

1.管理激励理论

激励就是通过管理工作设定的一定条件，激发被管理者去实现工作目标的积极性、主动性和创新精神，达到预期管理效果。激励分为内激励和外激励。内激励是指人们对活动本身感兴趣，能够满足他的需求，活动本身就是一种激励；外激励是通过外部刺激诱发人们参与活动的积极的动机。激励的途径主要有三条：一是通过对被管理者需要的满足、引导激励其积极性；二是通过设置富有吸引力且实现可能性大的工作目标来激励被管理者的学习、工作积极性；三是通过一定的管理方式，不断强化被管理者的行为，从而激励被管理者的学习、工作积极性。强化型激励理论是经典的管理激励理论之一，其主要代表人物是伯尔赫斯·弗雷德里克·斯金纳。他认为，无论人或动物都会采取一定的行动，当行动的结果对他有利时，他就会趋向于重复这种行为，行为的频率就会增加，凡能影响行为频率的刺激物，即称为强化物；当行动的结果对他不利时，这种行为就会趋向于减弱或者消失。他会凭借过去的经验来"趋利避害"，对个人的行为提供奖励，从而使这些行为得到进一步的加强，就是正强化；对那些不符合组织目标实现的行为进行惩罚，使那些行为削弱直至消失，就是负强化。

2.管理激励理论对课程思政的借鉴意义

在高校课程思政中，要做到真正引导学生朝着激励的目标去努力，就要积极引导学生将个人需要与学校或国家的需要结合起来，将个人期望的目标纳入学校和国家的大目标中来，将个人的动机变成实现学校和国家目标的动力，在实现学校或国家教育目标的过程中，实现自己自觉的期望目标。在课程思政中，激励的方式多种多样，主要的有以下几种：

（1）理想激励。理想激励即通过树立一种理想或信念，树立正确的世界观、人生观、价值观，以此来激励人们为之奋斗。在理想激励实施中，要注意把崇高的社会理想与每个人的具体理想紧密地结合起来，教育学生懂得包含在共同理想之中的个人理想才是崇高的、伟大的。

（2）奖惩激励。奖励和处分是课程思政的重要内容之一，其目标在于激励先进、鞭策后进，鼓励学生德智体美劳全面发展，为我国社会主义现代化事业输送更多的优秀人才。奖励有物质的也有精神的。物质奖励有奖学金、奖品等；精神奖励方面有口头表扬、通报表扬，发奖状、证书或授予荣誉称号等。惩罚是对违纪学生给予纪律处分或批评，是对学生思想行为中消极因素的一种否定，达到明辨是非、纠正错误、促进转化的目的。奖惩是一项严肃的工作，要做到公平、及时，要营造气氛，达到鼓励和教育的目的。

（3）竞赛激励。竞赛激励即通过开展多种形式的评比竞赛，激励学生的进取精神和学习热情，推动各项工作的开展。学生的进取心很强，竞赛对学生既是压力也是动力。竞赛激励能激发学生的潜能，培养学生的集体主义精神、组织纪律性和责任感，从而提高高校课程思政的成效。

（4）情感激励。情感激励即通过多种形式、多种因素，影响教育对象的情感以提高其理性认识，培养其健康情感。教育者必须做到情真意切、情理结合，运用好情感激励的方法。第一，要深入了解学生的需要。教育者要想学生所想、急学生所急，经常关心学生的学习、生活，关心困难学生，帮助他们解决困难；要了解学生的思想状况，及时帮助他们解决思想上的困惑，缩短师生之间的情感距离。第二，用自己的行为影响学生。教育者如果给学生以平等待人、体贴尊重的印象，无形中会增强教育者的影响力，提高教育者的权威，课程思政工作会收到事半功倍的效果。

（5）榜样激励。榜样的力量是无穷的，更是无形的。榜样激励，即用先进人物的优良品德激励、感染、影响受教育者，使之养成优良品德。榜样激励的方法是符合人的模仿心理和学习心理的，树立榜样时一定要注意其真实性，人为拔高的典型学生是不能接受的，唯有言行一致、表里如一、真实过硬的先进榜样才会被接受。在高校课程思政中，高校应树立多方面的典型榜样，让每种类型的学生都有学习和效仿的对象。

（四）社会学相关理论

课程思政目标需要通过课程思政活动去实现，人的社会化目标要通过人的社会化去实现。人的社会化理论对于课程思政目标的实现具有重要的借鉴价值。

1.人的社会化理论

（1）社会化的内涵。19世纪90年代前后，欧美社会学著作中就有"社会化"的提法，并出现了对"社会化"的种种理解。德国社会学家G.齐美尔用社会化概念形容群体的形成过程。美国社会学界认为，社会化是对人与生俱来的天性的改造，其中，E.A.罗斯还具体提出了群体成员社会化一要靠社会影响，二要靠社会控制的主张。目前，我国学者一般认为，社会化就是指个人学习知识、能力和规范，取得社会成员的资格，发展自己的社会性的过程。也就是说，社会化就是社会将一个自然人转化为一个能够适应一定的社会文化，参与社会生活，进行一定角色行为的社会人的过程，也是一个自然人在一定的社会环境中通过与他人的接触和互动，逐渐认识自我，并获得一个合格的社会成员资格的过程。

在社会学研究领域，"社会化"这一概念经历了一个由狭义到广义的发展过程。通常来说，20世纪50年代以前的研究属于狭义社会化的领域，主要是以少年、儿童为对象。广义社会化研究全面发展于20世纪60年代。直接推动和促成这一研究的是以T.帕森斯为代表的"结构—功能论"社会学。帕森斯在提出"社会化即角色学习"这一观点的同时，研究了童年社会化和成年社会化，即初级社会化和二级社会化。他认为前一种社会化并不具有特殊性，只是角色扮演的过渡阶段，后一种才是真正有益于整个社会体系的阶段。受社会学心理学的影响，我国学者在论述社会化时，大都将社会化过程中的主体规定为单个的人。但在实际中，社会化的主体不仅包括单个的人，也包括由群体生活构成的社会。苏联社会学家安德烈耶娃曾经从人与社会经验的角度表达过类似观点：人不仅接受社会经验，而且会对这种经验进行改造，使之成为支配自己行为的价值定向和目标。"社会经验中的这种改造成分恰好不仅肯定了对这种经验的消极接受，而且要求个体积极利用这一被改造了的经验，也就是说要求有一定的'贡献'。这种贡献的结果不只是对已有的社会经验的'补充'，也是对它的再生产，把它推向一个新阶段。"可见社会化不仅发展了人本身，也发展了社会。

（2）人的社会化的内容。社会化的内容非常广泛，凡是社会生活所必需的知识、技能、行为方式、生活习惯，甚至社会的各种思想、观念等都包括在内。概括起来，人的社会化包括以下几项基本内容：

第一，学习生活知识和劳动技能。初生婴儿除吸奶等几种有限的本能以外，其他生活知识都是空白的。而人的社会化过程从这时就开始了，婴儿在吃奶时就同母亲发生互动。儿童慢慢长大，就要学说话、吃饭、穿衣等技能。在幼儿期，社会化主要在家庭中进行，也有一部分儿童在幼儿园进行。除家庭外，邻里、亲朋，特别是儿童的游戏团体，对儿童都有很大的影响。儿童游戏，如抱着娃娃"过娃娃家"，便是用一种假想的社会生活来进行演习，同样具有社会化的作用。儿童到了学龄初期，就要接受学校教育。在科学技术日益发展的现代社会里，社会成员必须学会一些科学文化知识，才能更好地适应社会生活。学校教育是有组织、有计划、有系统地进行的正规教育，是人的社会化的重要途径。我国宪法规定："中华人民共和国公民有接受教育的权利和义务。国家培养青年、少年儿童在品德、智力、体质等方面全面发展。"人的一生的不同时期，通过家庭、学校和社会的教育，掌握独自生活的能力，即职业技能，达到社会化的目标。

第二，培育生活目标和价值观。社会上的每一个人都有一定的生活目标，这种生活目标不单纯是信念和理想，而是在一定人生观指导下，通过自己的努力争取可以实现的具体目标。例如，有的学生想当技术人员，有的学生想当企业家，有的学生想从事教育工作，有的学生则想走上领导岗位等。这种种生活目标的核心是一个人的价值观和态度。价值观和态度归根结底是受人生观支配的；人生观主要是指人生的价值和意义。由于每个人的人生观不同，因此选择生活目标的出发点就不同，有的人主要从个人方面考虑，有的人是从社会需要方面考虑。通常情况下父母帮助子女选择人生目标时，会较多地从个人和家庭方面考虑，而学校和社会或其他社会组织则着重强调社会的利益和社会的需要。引导青少年树立为人民、为祖国、为社会主义现代化建设而奋斗的人生观，是人的社会化的重要问题。社会教育要求把社会共同的生活目标与个人的生活目标和谐地统一起来，变成社会成员的自觉行动，这叫作"自我内化"。高校引导青年学生树立生活目标，对于青年期的发展是非常重要的。一些心理学家把人的青春期视为个人成长中的一个极为重要的阶段，把人的青春期称为"第二次诞生"，或称为"心理上断乳"。

第三，建立社会生活规范。社会规范指人们社会行为的规矩、社会活动的准则。它是人类为了社会共同生活的需要，在社会互动过程中衍生出来的，相习成风，约定俗成，或者由人们共同制定并明确施行的，是维持社会正常秩序的保障。其本质是对社会关系的反映，也是社会关系的具体化，是人的社会化的另一个重要内容。社会生活规范，在社会生活中，通过各种形式的教育与社会舆论的力量以至强制性手段，使人们逐渐形成一定的信念、习惯、传统，用来约束自己的行为；调整个人与个人、个人与社会、个人与团体、团体与团体、团体与社会之间的社会关系。社会生活规范指导着每个社会成员如何参与和适应社会生活。每个人从童年到青少年的成长过程，也是学习社会生活规范的过程。社会生活规范是人类文化的一部分，体现了人类精神文明的进步状况。我们在社会主义现代化建设中，要建设具有高度社会主义精神文明的社会生活规范。

第四，培养社会角色适应。角色是戏剧、电影中的名词，指剧本中的人物。社会学借用这个概念作为研究社会结构的起点。社会角色是指与人们的某种社会地位、身份相一致的一整套权利、义务的规范与行为模式。它是人们对具有特定身份的人的行为期望，它构成社会群体或组织的基础。

社会结构是由许多社会关系构成的，而一定的社会关系又构成种种社会角色。每个人在社会群体中都扮演着一定的角色，每个人在不同的人生阶段都要扮演不同的角色，如在家庭中扮演子女角色的孩子，长大结婚和生育子女后，就要扮演丈夫或妻子、父亲或母亲的角色。每个人同时要扮演几种角色，如在工作单位扮演思政工作者的角色，同时在家里又要扮演丈夫或妻子、父亲或母亲的角色。社会化的最终成果是为社会培养符合社会要求的社会角色。婴儿从认识父母开始，然后逐步扩大视野，在认识他人的同时更好地认识自己，知道自己扮演的社会角色，知道自己的社会角色的变化。当人们不能胜任自己的角色时，便产生"角色差距"；当一个人因为不能同时扮演几个角色而发生矛盾时，便产生了"角色冲突"。

2.人的社会化理论对课程思政的借鉴意义

人的社会化理论表面看与课程思政关系不大，实质上其对课程思政建设具有重要的借鉴意义。主要表现在以下方面：

第一，对课程思政中思政资源的挖掘有借鉴意义。人的社会化理论的核心内容包括传授生活知识和劳动技能、培育生活目标和价值观、教导社会生活规范以及培养社会角色适应，这些都是思政教育的重要内容，无疑也是课程思政建设应该挖掘的重要思政资源和元素。课程思政建设在挖掘和整合思政元素时应借鉴人的社会化理论的核心内容，同时在传授知识的过程中将这些核心的思政资源传递给学生，帮助学生树立正确的世界观、人生观和价值观。

第二，对课程思政在塑造学生个性方面具有重要的借鉴意义。人的社会化理论认为，人的个性从幼儿园时期已经开始形成，但其最初不是受外部制约而是受个体生理需要制约的。因此，儿童的个性表现在他的行动只简单地服从于自己的直接要求和愿望。在儿童身心逐步发展的基础上，在环境和教育的影响下，儿童会逐步形成对他所接触事物的道德信念和价值观，以至初步的还不稳定的人生观和世界观。这是一个人个性形成过程中的飞跃，在这个阶段开展思政教育工作十分重要。青年学生的个人行为逐步由儿童时期的服从个人的直接需要与愿望，发展到服从远大的理想，形成比较稳定的人生观和世界观。青年学生的个性的形成，基于课程思政作用的发挥。当前全国正努力全面推进课程思政建设，各高校只有依托学校定位和教育模式等鲜明特色与优势，才能充分发挥出学校德育的比较优势。

第二节 课程思政实施的基本原则

课程思政是在专业课程当中融入思政教育元素，发挥思政的引领作用，落实好立德树人这一教育的根本任务。基于此，课程思政建设应坚持德育为先、以人为本、整体设计、有机融入和特色发展五大原则。

一、德育为先

德育是高校教育的灵魂所在。党的二十大报告强调："育人的根本在于立德。"习近平总书记指出："要把立德树人的成效作为检验学校一切工作的根本标准，真正做到以文化人、以德育人，不断提高学生思想水平、政治觉悟、道德品质、文化素养。"这就需要教师的教育教学活动围绕"立德树人"来进行，重视德育教育，把德育作为高校人才培养的第一要务。课程思政建设应坚持以德育为先，这是对立德树人这一教育的根本任务的贯彻和落实。教师在教学过程中坚持德育为先原则，能够帮助学生健康成长成才，同时能够对高校的办学性质和方向产生决定性影响。

课程思政建设中坚持德育为先原则，是为了发挥德育的导向和保证作用。德育对高校其他教育具有一定的定向、驱动和保证作用。中央明确提出，要把对学生的思政教育摆在学校各项工作的首位，贯穿于教育教学的全过程。按照中央的要求，高校各类课程都要重视思政教育，这也是德育的题中之义。德育的导向和保证职能不仅对受教育主体产生直接影响，而且对学校的其他教育产生间接的作用。学校教育最直接的形式是教育主体运用教材对受教育者进行教育，在这个过程中，课程教学的理念设置对受教育者的教育效果有引导性作用。在各类课程的理念设置中坚持德育为先原则，能够有效发挥德育的导向和保证职能。在课程思政建设中坚持德育为先原则，可以引导受教育者的思政观点、道德观，以及对今后从事的政治、经济等方面的实践产生一定的方向性指引作用。因为，受教育者在接受知识后有一个内化于心、外化于行的过程，在这个过程中，学生的个人品行对其行为产生导向性作用。教师在教学过程中坚持德育为先原则，不仅保证了高校的办学方向能够与社会主义的办学方向一致；同时，对于受教育者来说，有效保证了其道德的发展与新时代所提倡的高校学生思想品德发展要求相一致。

需要注意的是，在课程思政建设中坚持德育为先原则，并不是要以德代智，也不是为了发展德育而牺牲智体美劳等方面的发展。课程思政建设要认清德育的引领作用，坚持知识传授与价值引领的统一，在知识传授中融入思政教育。德育为先原则要有效做到德行的教育对其他方面的教育产生影响，进而在课程教学中发挥德育潜移默化的影响力。课程思政建设主要是为了培养出德智体美劳全面发展的人才，贯彻和落实全国高校思想政治工作会议精神，以国家的教育思想为指导，实现对学生的立德树人教育。

二、以人为本

课程思政建设是落实立德树人教育和健全"三全育人"体制机制的重要途径，其目的是为国家培养出合格的社会主义建设者和接班人，因此课程思政建设需要坚持以人为本原则。在课程思政建设中，教师应充分落实以人为本的教育理念，以学生为根本，注重学生德智体美劳全方位的发展。以人为本需要将教育的目标设定与促进学生的全面发展结合，在课程思政的推进过程中，体现出教育以学生为中心，教育活动紧紧围绕学生进行，体现出教育的主要目的。以学生为主体的教育能够引起高校教职工对学生的重视，关注学生的成长，为学生的成长提供良好的环境,促进学生对知识的探寻以及正确价值观的形成,实现学生全方面发展。课程思政坚持以人为本原则的理论依据是马克思主义关于人的全面发展理论。马克思主义对人的全面发展理论是这样阐释的：人的全面的发展体现在人的某些方面得到充分而自由的发展。这些方面包括人的精神和身体方面、个体性和社会性方面；同时，人的发展方向、发展方式、发展程度受到社会条件的影响。课程思政中的立德树人任务回答的是"应当培养什么样的人"的问题，这个教育目的的确立与我国社会的发展有关。当前我国进入新时代，新时代要求培养德智体美劳全面发展的社会主义建设者和接班人。也就是说，是精神和身体、个体性和社会性都得到充分发展的有用人才，同时也是与社会发展方向相一致，与新时代我国发展的特点相结合，能够担当起民族复兴大任的时代新人。课程思政中的立德树人是对教育本质的阐释，因为教育的本质在于育人。育人是对人的全面发展的促进，体现的是以人为本。课程思政中的以人为本，就是以学生为本，以学生的全面发展为本，培养出德才兼备的学生。课程思政坚持以学生为本，要在建构主义学说的前提下对学生进行教育。建构主义的学生观认为，学生的内心世界是巨大且丰富的，是有巨大发展潜力的，并且学生之间存在着差异，因此要根据学生自身的发展特点培养学生，实现立德树人教育。当然，除了要明确课程思政以学生为本外，教育过程中教师要始终明确自身的职责，起到价值引领作用，发挥自身的引导作用，组织实施课程思政的建设。

以人为本的原则还需要归结到教育目标上。高校教育要明确回答"为谁培养人"的问题，这就要求教育目标的设定要明确高校培养出的人才最终服务于谁。高校培养的人才应当是德智体美劳全面发展的，能够对社会主义建设作出贡献的接班人和建设者，即高校培养出的人才需要在中国特色社会主义建设的过程中发挥出自身的优势，贡献出自身的力量。那么，我国的社会主义建设最终是为谁服务呢？是为人民服务的。社会主义建设成果的最终受惠者是人民群众，高校需要培养出为社会主义建设起推动作用的人才。因此，我国社会主义建设是以人民为中心展开的，高校的人才培养是为人民群众服务的，高校是为了人民能过上幸福的生活而进行人才培养的。所以，教师在教学过程中始终要坚持以人为本的原则。

三、整体设计

课程思政涉及各类课程、全体教师以及育人的全过程。课程思政建设是一个事关全员、全过程、全方位的任务，因此课程思政实施要坚持整体设计原则。各类课程之间是一个整体，课程思政建设要逐步解决学科之间各自为政的问题，使各类课程在育人目标和育人方向上保持一致。同时，全体教师要加强学科之间的交流，找出课程中的德育资源。此外，育人的全过程要求课程思政建设不仅要注重课堂育人，也要挖掘实践、科研以及校园环境等方面的育人元素。以整体性的视野开展思政教育。第一，高校要对各类课程中的思政元素进行有效挖掘和整合。教师必须明确哪些因素可以对课程思政建设起到促进作用，即先要确立起课程思政建设的各个要素。只有在目标确定之后才能发挥这些要素的整体性作用，促进课程思政的实施。习近平总书记说，要把做人做事的基本道理、把社会主义核心价值观的要求、把实现民族复兴的理想和责任融入各类课程教学之中，将这三方面的内容体现在各类课程的目标设计上，是高校课程思政建设整体性目标的要求。第二，高校还要注重对学校环境的建设。课程思政建设坚持整体性原则，不仅要充分发挥课堂教学对学生的思政教育作用，而且要发挥好学校环境建设如校园文化、校风等的育人作用。高校的文化环境能够对学生起到隐性教育的作用，加强校园文化的建设，利用好校园环境，如宣传牌、建筑的设计等都可以作为对学生进行道德教育的方式。另外，学校的校风建设也可作为课程思政建设的助推力。学校校风在建设的过程中，需要结合课程思政的内容，对能够促进课程思政建设的、体现出良好校风的实际案例进行宣传与推广，为学生提供价值遵循和行为指导。对于教室文化的建设，可以成立专门的社团，通过在教室的黑板上书写名人名言的方式，引导学生形成正确的价值观，实现对学生润物无声的德育。

课程思政的教育目的是培养出社会主义建设的有用人才，因此课程思政建设要坚持整体性原则，在家庭、高校与社会之间形成教育合力，共同培养出适合时代发展的人才。家庭是学生个人品质形成的基础，高校直接对学生进行品德培养，社会是检验学生品质的介质。高校课程思政建设需要发挥家庭的辅助作用，将社会提出的良好家风建设通过一定的方式传递给学生家长，实现家庭对学校教育的支持与推动。再者，高校可以通过校企合作的方式与开展社会实践的方式，帮助学生接触社会，通过社会实践检验学生各方面的能力。学校可以与企业合作，建立校外实习基地，聘请实践经验丰富的专家兼职学校教师，实现实践育人。同时，高校也要运用好社会资源实现对学生的德育，如利用当地的博物馆、革命遗址、纪念馆等资源实现对学生的教育。因此，高校的课程思政建设不仅需要高校自身的力量，也需要家庭和社会的力量，实现对学生全方位的培养，塑造学生健全的人格，对学生进行立德树人教育。

四、有机融入

课程思政不是简单的"课程"加"思政"，而是课程中有机融入价值塑造元素，努力实现二者的水乳交融，做到如盐化水、润物无声。因此，课程思政建设要坚持有机融入原则。课程思政建设要把握好各类课程与思政课程之间的联系，明确各类课程不能代替思政课程，要始终发挥思政课程的主渠道作用；同时也要使课程思政对思政课程的育人目标起到有效的促进和补充作用；同时需要明确各类课程与思政课程的育人方向是一致的，做好各类课程与思政课的有效衔接，使各类课程发挥思政教育作用。

各类课程与思政课程在方向上保持一致，就需要将各类课程的教学理念与思政课程的教学理念进行有效的结合，使各类课程的教师明确教学的目的还在于进行立德树人教育。将立德树人的教育理念融入各类课程当中，使各类课程的政治方向、文化方向、育人方向与思政课程保持同向。将其他各类课程与思政课程有机融合，关键是要明确高校教育培养人才的目的，以及为谁培养人才。习近平总书记在 2024 年全国教育大会上指出，要"紧紧围绕立德树人这个根本任务，着眼于培养德智体美劳全面发展的社会主义建设者和接班人，坚持社会主义办学方向"。因此，在实现课程思政与思政课程育人方向一致性上，要以培养具有新时代特点的青年人即有理想、有本领、有担当的青年人为目标，培养出为中国特色社会主义建设事业奋斗的时代新人。有机融入的原则主要是解决各类课程与思政课程共同育人的问题，融入的过程要发挥课程思政与思政课程相互促进、相互补充的作用。

高校一直将思政课程作为对高校学生进行思政教育的主课程，但当前思政教育面临着边缘化、孤岛化的困境，因此，单靠思政课程来实现立德树人目标是不够的，课程思政要发挥有效的功效，做到各类课程与思政课程的合力育人。课程思政建设中，要善于发掘各类课程中的思政教育资源，结合各类课程的特点，以学科理论知识为基础，在各类课程中有机地融入思政教育元素。

五、特色发展

特色发展原则是指课程思政建设要根据本校的特点、地域特色、校训、培养目标、办学理念来开展，即可以归结为"一校一特色"。课程思政在开展过程中，要结合当地的文化，体现出地域特色。新时代，党中央高度重视地方特色文化，提出了"创造性转化、创新性发展"的战略，地域特色文化可以作为高校课程思政建设的思政教育资源。

特色发展原则要求各高校在开展课程思政建设的过程中，根据本校的发展特点来选出适合课程思政建设的课程，按照这些课程的特点，发掘其中的思政要素。特色发展原则也要求注重发挥学院特色，按照"一院一特色"进行课程思政建设。不同学院的专业课程教育目标是不同的，学院在推行课程思政时可结合学院特色，以学院为主体，以教研室为单位，围绕课程思政建设的主体，进行课程内容以及教学方式的革新研究，规划和制定出适合本学院开展课程思政的方案，为学院教师开展课程思政提供标准和规范，发挥学院的作用，实现对课程思政的方向引领。各级学院可以根据学院的特色，通过科研竞赛以及其他的活动形式，探寻推进课程思政建设的有效方式。

综上所述，高校进行课程思政建设时，要善于运用本校的优势，根据本校实际情况，结合当地的地域特色，利用好能够利用的思政教育资源，拓宽教师的教育视野，对学生进行有效的思政教育。

第三章　高校课程思政建设现状

第一节　高校课程思政建设中的问题及其解决

2020 年 5 月，教育部印发了《高等学校课程思政建设指导纲要》，这意味着课程思政已经从理念走向实践，其科学性、可行性也逐步得到社会各界的认可。但是，在实践过程中，高校在课程思政建设方面的顶层设计是否清晰，各管理机构及二级学院在课程思政建设中的定位是否明确，教师的综合素质是否过硬等因素在一定程度上影响着课程思政建设效果。如何正确处理专业教育与思政教育之间的关系，使二者彼此融合、同向同行、共同发力，成为困扰教师进行课程思政实践的常见问题。

一、高校课程思政实践中存在的问题

课程思政作为高校落实立德树人根本任务的重要战略举措，已经成为各类专业课程与思政课程同向同行的桥梁和纽带，也是高校构建"大思政"工作格局和育人体系的关键。然而，课程思政在实践过程中还存在以下问题：

（一）专业课程与思政课程依然存在"各自为政"的现象

在课程思政实践中，很多教师会把专业教育和思政教育分隔开。他们认为专业课程就是专业课程，思政课程就是思政课程，二者关系不大。一方面，专业课

程作为具有整体性、规范性、严谨性特点的独立的知识体系，如果额外加入思政内容，可能会造成对专业知识的干扰，这在一定程度上会影响专业知识的讲授深度和进度；另一方面，在专业课教师探索课程思政的过程中，势必会投入更多的精力去研究课程的思政元素，在一定程度上会影响其对专业知识的研究。同时，有些专业课程的思想元素与思政课程的内容重复，就算将这些内容勉强插入专业课程中，也达不到思政教育的目的。因此，专业课程与思政课程"各自为政"的现象较为普遍。

（二）"蜻蜓点水式"课程思政与"喧宾夺主式"课程思政并存

在课程思政建设过程中，很多教师已经认识到专业课和思政教育具有相通性，认识到专业课程的育人功能。但是在教学实践中往往会走向两个极端：一是"蜻蜓点水式"课程思政，其表现为重视专业知识的传授，轻视思政教育，在专业课教学过程中，只是象征性地加入一些思政元素。二是"喧宾夺主式"课程思政，其表现为过度重视专业课程中的思政教育内容，以至于专业知识内容被大大压缩，甚至将专业课程变成思政课程。在人文社科类的课程中，此种情形相对较多。

（三）课程思政的实施效果不尽如人意

教师承载着传播知识、传播思想、传播真理，塑造灵魂、塑造生命、塑造新人的时代重任。全面推进高校课程思政，确保课程思政建设落地落实，关键在教师。课程思政理念强调"课程门门有思政，教师人人讲育人"。这就表明思政教育需要全体教师共同参与。但是，在课程思政教学实践中，思政教育工作由"专人"开始转为"人人"参与时，对所有教师特别是专业课教师的综合理论素养、个人品格修养、使命担当意识、课程思政教学方案设计的能力提出了更高要求。各专业课教师在思政教育方面的理论素养、知识储备、个人修养等方面参差不齐，会使课程思政实施效果大打折扣。这在一定程度上影响着课程思政的可信度、可靠性、感染力。

二、高校课程思政教学建设实践中存在问题的原因

（一）学校课程思政顶层设计缺失

在高校课程思政建设的过程中，部分教师用简单的二元对立的思维看待专业教育与思政教育，使二者出现"各自为政"的现象，其原因有二：一是学校缺乏对课程思政的顶层设计和整体规划。课程思政建设作为一项系统工程，需要在学校党委的领导下，各管理部门、二级学院及相关单位紧密配合、协同联动，通过一系列制度、措施和保障机制，保证课程思政建设落到实处，否则各部门对自己在课程思政建设中的定位不准确，很可能导致思政课程与专业课程难以融合。二是由于顶层设计缺失，教师对专业课程与思政课程二者的关系缺少系统思考，把课程思政简单、生硬地理解为在特定的专业知识外面穿上思政教育的"外衣"，二者不但不能相融，反而相互妨碍。

（二）没有形成完整的课程体系

在高校课程思政建设过程中，教师已经逐步意识到课程思政的重要性，但是在专业课教学设计上还没有形成完整的课程思政体系。一方面，专业课教师在完成规定的教学任务外，在专业学科建设以及科研方面投入了太多的时间和精力，因此在深挖专业课中的思政元素并将其融入专业课教学方面显得力不从心；加之平时在思政教育理论和人文知识等方面缺少积累，从而在教学中只是或被动或刻意地加入一些与思政相关的内容，缺少思政育人方面的整体设计，更谈不上建立完整的课程思政体系。另一方面，有的教师过度重视思政教育的内容，将思政教育中心化，把"门门课程有思政"变为"堂堂课程都要有思政"，以至于某些教师在课程教学中，用思政教育内容代替专业教学内容，将专业课程变成思政课程，导致专业教育的人才培养目标无法实现。

（三）部分教师的育人意识有待提高

课程思政建设的最终效果如何，取决于它的具体实施者——教师。就教师自

身而言，部分专业教师育人意识不强，不能主动挖掘专业课程中的育人因素并将其融入课程教学中，不能做到教育的科学性与价值性的统一。部分教师在政治理论素养、教育理论知识、人文知识等方面存在明显不足。一些专业课教师只注重对专业理论知识的传授，忽视对其他相关知识的传授；或者只关注一些与政治理论相关的知识，对经济、法律、文化、历史等方面涉猎较少。在此情形下，就会出现"灌输式"或"宣讲式"的课程思政，专业课程带有浓厚的"思政味道"，不仅不能发挥课程思政的隐性教育功能，还容易引起学生的逆反心理。

三、高校有效推进课程思政建设的方法

作为高校全员育人、全过程育人的系统工程，课程思政建设绝不是"专业课程+思政教育"这种简单叠加，也不是针对某些专业课程、某个教学环节、某一领域等方面的修修补补，而是站在新时代的历史方位，从课程建设层面聚焦我国高等教育改革创新，构建具有中国特色的人才培养体系、课程体系、教学体系和思政体系。因此，高校必须引导教师正确认识课程思政，创新课程教学理念，在不断提高教师思政理论素养的基础上，做好课程思政的教学设计。

（一）做好顶层设计，为高校课程思政建设提供较完善的制度保障

课程思政建设是高校落实立德树人教育目标的一项大工程。其内容广泛而丰富，高校必须做好顶层设计和整体规划，以制度的形式建立一系列保障课程思政建设常态化和长效化的管理机制、运行机制和评价机制等，明确课程思政建设的相关要求。例如，建立高校党委主体责任制，明确高校课程思政建设目标；建立相应的管理机制，明确各管理部门、二级学院在课程思政建设中的定位、分工和责任，同时整合资源、协同合作，合力推动课程思政建设；建立保障课程思政建设的监督评价机制，学校可以结合人才培养目标，把教师的教学质量和学生的成长成才作为评价标准纳入课程思政评价机制,避免课程思政在教学实践中出现"走过场"的情况；建立课程思政建设的激励机制，对积极探讨并主动进行课程思政

建设的教师给予奖励，还可以将这方面内容纳入教师评优、职称评定系统，从而提升教师推动课程思政建设的自觉性和积极性。

（二）创新课程建设理念，积极引导专业课教师正确认识课程思政

高校课程思政工作要取得实效，课程思政理念必须深入人心，尤其是专业课教师，必须转变对课程思政的认识，创新思政教育嵌入教学内容的理念，不断提升育人意识和能力。

第一，引导专业课教师正确认识课程思政与思政课程之间的关系。教育的根本任务是立德树人，课程思政与思政课程的本质都在于强调课程的育人功能，这一点二者是相通的。思政课既是高校学生思政教育的主渠道，也是课程德育的主渠道。思政课程在课程思政建设中发挥着价值引领的作用，主要体现在对学生进行社会主义核心价值观教育，帮助学生树立正确的世界观、人生观、价值观。课程思政与思政课程的核心内涵都是育人。课程思政突破了传统的思政课单方面育人的"孤岛"困境，将所有课程的思政教育功能充分挖掘出来，表明所有课程的教学目标是知识育人、道德育人和价值育人三方面的统一，强调对学生正确世界观、人生观、价值观的养成。因此，课程思政与思政课程二者具有内在的联系，只有把二者有机结合起来，同向同行，才能真正增强高校思想政治工作的实效性。

第二，强化专业课教师的育人意识。教师不仅肩负着引领学生学习知识的责任，同时也肩负着对学生进行道德教育和价值观教育的责任。而作为教育的承载体，每一门课程既包含知识，也包含做人的道理。因此，要不断强化教书育人的制度导向，将教书育人的要求明确贯彻到课堂教学中，同时加强教师之间特别是专业课教师与思政课教师之间的沟通交流，促进不同学科教师之间彼此理解；引导专业课教师认识到专业教育与思政教育的同一性，从而把课程思政落实到每一门专业课程中。

（三）做好教学设计，实现专业课教学与思政教育的自然衔接

专业教育与思政教育是课程思政的两个基础方面，如何实现二者之间的自然衔接是课程思政建设的基本问题。传统的专业课教学坚持知识本位的教学思维，

把知识的传授作为教育的主要目标，它是一种"知识—教学"的单一对应关系，而课程思政则要求打破这种单一对应关系，确立一种"'知识+价值观'—教学"的多维关系。因此，只有转化教学思维，做好教学设计，才能解决专业课程与思政课程的衔接问题。

第一，在教学内容层面，围绕课程性质和特点做好课程思政。课程思政不是一门新的课程，也不是专业课程的思政化，而是专业课程的内涵式发展。在体现专业课程自身特点的同时，将思政教育融入进去，让显性的专业知识与隐性的价值观自然融合，潜移默化地对学生进行人生观、价值观教育，实现立德树人的目的。对专业课教师来说，要认真梳理教学内容，挖掘其中蕴含的思政元素，寻找二者的结合点、切入点，从而实现专业教育与思政教育的契合。对思政课教师来说，要发挥自己在课程思政建设中的价值引领作用，注重对学生进行社会主义核心价值观教育，在课堂教学中，将理论知识讲授与当前时政热点紧密结合，从专业的角度深入剖析学生感兴趣的话题，让学生了解国家的方针政策，增强学生对国家、民族的使命感和责任感。

第二，在教学设计方面，构建全新教学模式，做好专业课程与思政教育无缝衔接。结合各类课程教学特点，教师可以在课堂教学方法和手段上加以创新，从而巧妙地开展课程思政。专业课程要摒弃过去一贯的灌输式教学，多采用探究式、体验式教学，提升学生的参与度，让课程"活"起来，使学生在思考中产生情感共鸣，在不断启发中深入思考。例如，教师可以根据课程特点和内容，深挖与本课程相关的文化背景、名人故事等思政元素，利用音视频、图片等形式呈现出来，或者利用第二课堂带领学生亲身感受，提升学生的参与度，同时让学生在学习中融入情感因素，培养他们的责任感和历史使命感。

（四）提高教师的综合素质，建立专业化课程思政教师队伍

课程思政建设效果如何，取决于教师的课程思政意识、综合素养和教学能力。因此，对教师进行思政素养方面的培训至关重要。

首先，高校要积极引导各专业课教师树立课程思政意识和理念。高校要定期

通过访学、政策宣讲、专题培训等多种形式，组织专业课教师学习与课程思政相关的知识，领会党和国家的最新政策精神，打破传统教学思维定式，走出思想误区，不断提高对思政教育的认识，强化社会使命感和责任感，为开展课程思政建设提供潜在意识和思想支撑；引导专业课教师在学习过程中深刻思考本学科、本专业的内在价值和社会价值，深挖其中的思政元素，真正做到将知识传授和思政教育融为一体。

其次，高校要对专业课教师进行多渠道、多层次、立体化的思政素养培训和师德师风教育。邀请课程思政建设相关领域的教学名师、知名专家，通过开展理论素养培训、教学实践示范等方式，全面提升专业课教师的思想政治素养，从而更好地引导高校学生明辨是非，弘扬社会主义核心价值观，成为高校主流意识形态的领航人和高校学生的思想引领者。同时，高校应注重对专业课教师进行师德师风教育，不断提高专业课教师的修养和道德素质。教师要以德立身、以德施教、以身作则，做好思想引导和行为示范，正确认识自己的社会使命和责任，努力为国家和社会培养德才兼备的人才。

最后，积极促进专业课教师与思政课教师乃至行业专家之间的交流合作共享。一方面，学校可以采用"专业课教师+思政教师+行业专家"集体备课会或者教学沙龙等方式，对专业课教师开展有针对性的课程思政教学指导，辅助专业课教师明确课程思政建设的目标指向，找准与专业课相关的前沿热点问题，深挖思政教育元素，做好教学设计，在专业课的知识教育中融入价值观教育。另一方面，通过教师相互交流，实现在教学方法上的合作共享。思政课教师应更加注重采用隐性疏导的教学方式，运用语言表达艺术，适时融入人文关怀，避免空洞说教。专业课教师在传授知识的同时，也可以采用思政教育的教学方法，赋予专业课一定的人文色彩和情感体验，有效增强课程思政的开放性、柔和性、感染力。

总之，高校应深入挖掘各类课程中的隐性思政教育元素，从课程思政建设中存在的难点问题出发，加强教师对课程思政理念的深入理解，做好课程思政的教学设计，不断创新教学方法和手段，打造专业化的课程思政建设的师资队伍，构建专业课程与思政课程紧密联系、同向同行的育人新格局，实现育人效果的最大化，从而为国家、社会发展培养更多、更优秀的人才。

第二节　高校课程思政建设创新思路

2021 年，党中央、国务院制定了《中华人民共和国国国民经济和社会发展第十四个五年规划和 2035 年远景目标纲要》，指出"'十四五'时期推动高质量发展，必须立足新发展阶段、贯彻新发展理念、构建新发展格局"。实现经济高质量发展和建设教育强国需要有为青年担当重责，在全面建成社会主义现代化强国的征程中披荆斩棘、发挥所长。高校承担着传承历史文化、推动社会进步和培育高质量人才的重要使命，秉持着立德树人的根本任务。高校不仅要高度重视思政教育工作，而且将思政教育和实践活动贯穿于各专业教育教学的全过程，实现全过程育人；不仅思政课教师要加强对学生的思政教育，而且专业课教师要发挥课程育人的主体作用，实现全员育人；不仅理论课、通识课和专业课注重对学生进行教育，而且在课堂外的社会实践、实习实训和基地建设等社会、网络的学习平台和交流平台进行全方位渗透，使各类课程与思政课同向同行，真正实现全方位育人。高校进行课程思政建设是时代所需、专业所求和人才所备，这是关乎高校发展的一项系统工程，更是影响专业学科发展导向的质量工程。高校进行课程思政建设需要专业教师在教学目标、教学内容、教学方法、教学效果等各个环节达成高度契合，探索教学过程的创新路径，确保课程思政改革的顺利开展。

一、实现课程思政教学目标的新维度

首先，专业课教师在知识目标方面，应精准提炼知识要点，融合育人元素以完备知识体系。专业课教师应根据课程的特点，将原有的知识体系进行再造和重构，优化关键知识点，实现专业知识的体系化、时代化和多元化。高校从重视思政课程到实行课程思政，不仅仅是教学理念的更新，更是突出思政课的协同效应，实现理论课程与实践课程的结合，实现思政课程与专业课程的融合，实现显性教育和隐性教育的契合，这对教学目标中的知识目标整合与提升提出了更高的要求。

其次，专业课教师在落实能力目标方面，应着重培养高校学生独立思考并解决问题的实际能力，树立正确的世界观、人生观和价值观，将专业知识服务于社会实践，使高校学生不仅获得丰富扎实的专业知识，而且具备过硬的专业技能，形成基本的职业素养，更要具有创新意识、思辨能力、沟通表达能力、组织协调能力、国际视野和发散性思维。实现课程思政不是一门课程的示范引领，而是需要高校各部门形成合力，从顶层设计到具体落实，从学校、学院到教师、学生，实现四驱联动，对教学各个环节的全方位提升。

最后，在情感目标方面，在高校学生具备一定专业知识和专业技能的基础上，培育其理想信念、道德品质、文化自信和国家情怀。

教学目标的三个维度一定要明确，更要融为一体、不可分割。存在主义哲学家雅斯贝尔斯强调：所谓教育，不过是人对人的主体间心智交流活动，包括知识内容的传授、生命内涵的领悟、意志行为的规范，并通过文化传递功能，将文化遗产交给年轻一代，使他们自由生成，并启迪其自由天性。教育的根本目的是要实现受教育者的自由、全面发展。教育的本质不仅在于知识的传授，更在于文化的传承。要实现这种传承，需要知识的积淀，更离不开思想道德的指引。课程思政不仅要在教学目标方面实现新维度，更要在情感目标环节注重家国情怀和爱国主义教育，体现新时代高校学生的新面貌和高质量的全面发展。

二、实现课程思政教学内容的新深度

首先，教师在课前备课阶段要吃透教材，找到每一节课教学内容的育人元素，精心打磨教案，选取典型的教学案例，进行含有育人元素的教学设计，为上好课程思政做充足准备。专业课教师在前期备课阶段一定要注重对教学内容的重构，在传授理论知识的同时注重科学方法的运用、理性思维的养成、理想价值的灌输等，促进高校学生能力的提升和素质的提高。在备课阶段，教师需要从思政教育方面深度挖掘与授课内容高度匹配的资源。这不仅对任课教师提出了新的要求，而且任课教师所在学院也要加强其与所在学校马克思主义学院的双向互动。教师在教学过程中要发挥主导作用，将以教学目标为基准的教学设计落实到课堂教学中，在师生互动中激发学生的主体作用，关注学生的真实反应。教师应随时关注社会热点，关注党和国家对思政教育方面的最新精神，主动将其融入课堂，积极与学生互动交流，加深学生的真实体验，在专业课教学中加强学生的思想认识和提升其道德水平。专业课教师不仅专业知识和技能水平过硬，而且具有较高的思想道德素质，能够很好地起到培育学生职业素养、提升道德水平、坚定理想信念的育人作用。

历史唯物主义认为，任何科学知识都不是凭空产生的，而是从实践中来的。这里的实践，既不是产生科学知识的某个客观方面，也不是阐述科学知识的某个主观部分，而是既有产生科学知识的客观影响，也有发现、论证和阐述科学知识的主体存在。正因为如此，人们在理解、讲授任何一个科学知识时，都会涉及产生科学知识的不同的人和事的内在动机、价值取向和社会环境等因素。教师对这些因素的梳理与讲解，对中国特色社会主义建设知识的传授等产生重要的启示意义。因此，实施课程思政，专业课教师有必要将发现和传播科学知识的优秀人物、事件自觉地引入授课内容，激励学生在建设中国特色社会主义的实践中积极探索、发现和传播真知，坚定为中国特色社会主义建设服务的信念。

其次，专业课教师要自觉打破课程教学与马克思主义基本立场、观点和方法之间的内容壁垒，重构课程思政教学内容。马克思主义虽然诞生于一百多年前的西方社会，但其基本立场、观点和方法对人们理解和发展人类社会具有重要的作用。近代以来，中国正是传入了马克思主义，诞生了中国共产党，中国人民才走出水深火热，一步一步从革命中获得民族解放和独立，建立了社会主义制度，开辟了中国特色社会主义道路，创造出人类文明的新形态。中国社会的历史变迁已经表明，马克思主义源于那个时代又超越那个时代，既是那个时代精神的精华又是整个人类精神的精华。课程思政的实施，要求授课教师自觉运用马克思主义的基本立场、观点和方法，分析、讲授专业知识，自觉引入习近平新时代中国特色社会主义思想，引入在中国革命和社会主义建设过程中涌现的英雄事迹，引导学生了解世情、国情、党情、社情，增强对党的创新理论的政治认同、思想认同、理论认同、情感认同，坚定道路自信、理论自信、制度自信、文化自信。

最后，专业课教师要自觉打破不同课程与中华优秀传统文化等方面的内容壁垒，重构课程思政教学内容。历史唯物主义认为，人们在现实的物质生产实践中，不仅生产了物质性的自己，也生产出不同形式、内容的文化。历史上曾经与中国文明并存的很多古老文明，要么消失，要么中断，唯有中华文明经久不衰。这不仅是中华儿女代代相传、接续传承的结果，更是中华优秀传统文化具有穿越历史的生命力的表现。实施课程思政，开展课程思政教学，授课教师要自觉重构专业课程与中华优秀传统文化有机融合的教学内容，自觉引导学生深刻理解中华优秀传统文化中讲仁爱、重民本、守诚信、崇正义、尚和合、求大同的思想精华和时代价值，教育引导学生传承中华文脉，富有中国心、饱含中国情、富有中国味，培育和践行社会主义核心价值观，引导学生在学习、工作和生活中自觉传承中华优秀传统文化，争做新时代中华优秀传统文化的传承者。

三、实现课程思政教学方法的新角度

教学方法是教师在教学过程中为实现教学目标而采用的手段和方式。教学方法是相互贯通的，不是独立的。专业课教师不仅要精心推敲课程思政的内容，更要注重采取学生易于接受、便于理解与乐于参与的方式加强互动和交流，将单向讲授法发展为促进师生互动、丰富学生思维的讨论法、演示法、小组合作、自主学习与启发式教学、案例教学等方式、方法相互融合，多维度丰富教学方法，促进教学目标的顺利实现。

实现课程思政教学方法的新角度，其"新"在以下几个方面：第一，"新"在学生所处的时代，面对"互联网+"的教学环境，教师实现课程思政的信息化是课程思政建设的重要任务。第二，"新"在学生的群体，对世情、国情、党情与社情有了解的愿望且了解途径广泛，但学生们的思维仍需要引导，这是进行课程思政建设的重要目标。第三，"新"在学生的能力具有新时代的烙印，能够快速接受新理念和新方法。对课程思政教学方法的创新，其核心仍在于全方位调动学生的学习积极性和参与度。新时期高校建设课程思政要充分利用网络平台，在线上和线下教学活动中提升学生的学习主动性，全过程关注学生的思想动态和知识掌握程度，对其进行全过程、全方位的评价。让高校学生全程参与课程思政，一是有利于巩固专业知识，思政元素的融入使学生对专业理论知识的理解更加深刻；二是进行情感引导，在传授专业知识的同时进行爱党、爱国主义教育，树立文化自信和民族情怀，秉承工匠精神，用其所学为党和国家服务；三是确保行为规范，通过团队合作加强对其职业素养和文化素养的多维度提升；四是塑造人格品质，在教师引导下，在交流合作与观察中，使高校学生具备谦虚好学、与人为善、爱岗敬业等道德品质。只有具备良好的身心素质、优秀的道德品质、深厚的文化素养、完善的职业素养和坚定的理想信念，高校学生才能成长为党和国家需要的新时代有用人才。

四、实现课程思政教学效果的新高度

教学效果的好坏或优劣不是一次课堂、一次考试就可以验证的。经过一个学期的课堂教学或实践教学，师生之间在教学活动过程中有了一定程度的接触和了解。为了实现课程思政教学效果的最大化，需要专业教师采取科学的教学评价方法，将专业技能知识与职业素养的培育相结合，将高校学生的课堂表现与实践活动中的价值体现相结合，将结果性评价嵌入教学过程，将教师评价、学生自评互评、社会评价融入其中，最终形成对学生的全方位准确评价。思政素养的提升是一个循序渐进的过程，在评价的原则上，要注重定性评价而非定量评价，应注重过程而不应该只看重结果；应遵循发展的原则，即关注学生纵向的自我发展，尽量减少横向比较。在形成教学评价的基础上，专业课教师要及时进行教学反思，进一步提高课程思政教学质量，形成示范课，以推广运用，构建一套完整的育人评价体系，并总结行之有效的工作经验，营造更为生动活泼的课程思政的教学氛围，增强责任意识。通过建设课程思政，专业课教师能在有效引导学生进行理论知识和专业技能学习的过程中，全过程渗透思政教育，实现专业知识传授与价值引领、思想引导的全面融合，全面提高专业人才的质量。通过建设课程思政，优化课程设置，更新教材体系，创新教学方法，将思政教育融会贯通，深度发挥各门课程的育人功能，进而推动专业建设和学科发展。专业课教学不仅要提升学生的学习能力，更要提升学生发现问题、解决问题的能力，还要提升其服务社会和国家的能力，实现高校学生认识与思想的自由进步和德智体美劳全面发展，满足国家经济社会高质量发展的要求。

第三节　新时代高校课程思政教学的提质增效路径

2020 年 5 月，教育部印发的《高等学校课程思政建设指导纲要》明确要求"将课程思政融入课堂教学建设全过程"。课堂教学全过程主要包括教学准备、教学实施和教学评价三个环节，课程思政教学要紧扣每一个环节的侧重点、立足点采取相应教学策略。其中，教学准备要在"新"上下功夫，提升课程思政教学的针对性和吸引力；教学实施要在"理"上下功夫，提升课程思政教学的思想性和感染力；教学评价要在"化"上下功夫，提升课程思政教学的实践性和实效性。

一、课程思政教学准备要凸显"三新"

备课，即教学准备，是教师在课堂讲授前对教学对象、教学内容、教学方法等多方面的准备过程，是整个教学过程的总策划和总设计。课程思政教学准备要凸显"三新"。

（一）备"时代之新"

不是人们的意识决定人们的社会存在；相反，是人们的社会存在决定人们的意识。不断变化的社会存在影响甚至决定着人们的理想信念、价值观和道德理念。《高等学校课程思政建设指导纲要》指出，课程思政融入课堂教学要落实到"教案课件编写"上。教案是教学实施的设计方案，教师要善于把时代不断发展变化的新理论、新要求、新形势、新发展、新热点等思政元素，并将其有机融入教案、课件，形成课程思政教学的"源头活水"。具体来说，要从以下几个方面着手：

一是把党的创新理论融入教案。党的理论创新每前进一步，用其武装人民群众头脑的任务就要跟进一步。习近平新时代中国特色社会主义思想是马克思主义中国化的最新成果，课程思政教师要结合专业课内容，将习近平新时代中国特色社会主义思想的历史渊源、内在逻辑、科学内涵和独特价值等有机融入教案，实现党的理论创新成果学科化、学理化，帮助学生深刻理解和准确把握贯穿习近平新时代中国特色社会主义思想的辩证法和方法论体系，增强学生对党的创新理论的认同。

二是把党和国家的新要求融入教案。培养担当民族复兴大任的时代新人是党和国家对高校人才培养的新要求。课程思政教师要心怀"国之大者"，将"立大志、明大德、成大才、担大任"的培养目标融入教案，引导高校学生把个人成长融入国家富强、民族振兴、人民幸福的宏大叙事中，使高校学生努力成为堪当民族复兴大任的时代新人。

三是把国内和国际的新形势融入教案。中华民族伟大复兴战略全局和世界百年未有之大变局是中国共产党对国内、国际形势作出的重要判断。课程思政教师要把"两个大局"带来的"危"与"机""变"与"不变"融入教案，帮助学生在了解世情、国情、党情、民情中增强使命感、责任感，切实增强服务大局、应对变局的本领和能力。

四是把学科行业的新发展融入教案。学科行业的发展变化与学生的人生规划、职业定位息息相关。课程思政教师要将行业发展的新动态、学科发展的新突破、专业建设的新进展等有机融入教案，引导学生为行业发展担使命、为社会发展作出贡献。

五是把高校学生关注的新热点融入教案。高校学生关注的热点可能是矛盾的聚焦点、舆论的敏感点、利益的契合点、思想的困惑点、行为的冲突点，将其融入教案有助于课堂教学有针对性地开展理论阐释和思想解惑，这样既能抓住学生的注意力，又能增强课程思政教学的吸引力。

（二）备"学生之新"

人是教学的逻辑起点，了解学情、理解学生，"以学定教"是实现课程思政教学提质增效的决定性因素。具体来说，备"学生之新"要从以下几个方面着手：

一是备好学生新特征，在顺应思想行为中提升教学亲和力。新时代高校学生图像化、碎片化的认知特征，立体化、场景化、体验化的接受特征，网络化、触屏化、移动化的行为表达特征要求课程思政教师要在教学准备中充分了解、适当顺应这些特征，才能提升教学亲和力。

二是备好学生新诉求，在满足学生需要中提升教学针对性。新时代高校学生的人生理想趋向实际、价值标准注重实用、个人幸福追求实在。课程思政教师要把握学生的这些新诉求，在教学准备中将"有用"与"有利""需要"与"重要"相统一；把解决思想问题与解决实际问题相统一，把适应国家需求和满足个人成长诉求相统一。

三是备好学生新问题，在答疑解惑中提升教学实效性。课程思政教学准备要围绕学生、关照学生、服务学生，深入了解其学习之困、思想之惑、发展之难等新问题，及时回应、有效解决，使课程思政教学"切实管用"。

（三）备"教法之新"

教学有法，但无定法，贵在得法。教师在教学准备中要根据不同的目标与内容，选择适宜的教学方法。具体来说，要从以下几个方面着手：

一是要善用教学新技术。教师要有效利用人工智能开展智能诊学、个性导学、智慧助学、协同研学、精准评学；将 VR、AR 等新技术应用于课件制作，让枯燥的内容可视化，从而提升课程思政教学的有效性；用新技术搭建虚拟教室、虚拟实验室，构建沉浸场域，开展情境教学。

二是要善用教学新模式。教学模式是在一定教学思想或教学理念指导下形成的教学活动框架与程序，具有多样性、可操作性等特征。课程思政教师在教学准备中要熟悉协同教学、互动教学、网络教学、实践教学等教学模式的适用情境、功能差异、操作方法，并根据教学内容灵活选择。

三是要善用教学新方法。课程思政的主题大致分为问题澄清与道理阐明类、行为规约型、情怀培养与精神涵养类和问题应对型等四种，不同的主题应选用不同的教学方法。其中，问题澄清与道理阐明类应以讲授法为主，在专业知识的讲授中进行价值引导。行为规约型可采用讲授法、案例研讨法，运用真问题、真案例找到行为规约的"植入点"，帮助学生思考如何在学习和生活中遵守这些规约。情怀培养与精神涵养类以讲授法为主、案例教学法为辅，使学生在耳熟能详的基础上产生情感触动，再借助情境教学法使其产生情感共鸣。问题应对型课程思政既要解决态度立场问题，又要解决应对策略，前者可以运用专题讲座和课堂辩论等方法；后者可以运用小组合作、探究学习等方法。

二、课程思政教学讲授要融通"三理"

教学讲授是课程思政整个教学过程的关键环节和中心阶段，必须在"理"上下功夫。专业知识是课程思政教学的"原材料"，"政理""学理"和"事理"则是蕴含其中的"思政质料"。课程思政教师要将"三理"融入教学讲授全过程，通过站位高度、理论深度和实践温度的彰显，提升课程思政教学的思想性和感染力。

（一）在"政理阐释"中彰显课程思政教学的站位高度

课程思政的本质是育人，根本任务是立德树人。课程思政教学要提高政治站位，加强"政理阐释"。"政理"就是政治的原理、原则、精神、道理等，"政理阐释"旨在提高学生的政治意识和政治能力。具体来说，要从以下几个方面着手：

一是要提高政治认知水平。政治认知，即政治主体对政治体制、政治权力、政治规范的认识和理解，正确的政治认知是确立政治信仰的逻辑起点，更是提高政治能力的生长点。课程思政教学的"政理阐释"要从提高学生的政治认知水平出发，在宣传党和国家政治理论与大政方针的基础上，在对专业、学科、行业在中国共产党和中华人民共和国成立前后不同发展状况的对比中，融入政治体制、政治权力、政治规范和政治功能等内容，帮助学生理解和领悟中国共产党为什么"能"，马克思主义为什么"行"，中国特色社会主义为什么"好"。

二是要坚定政治信仰。政治信仰是政治方向、政治立场、政治观点、政治态度等方面的综合反映。课程思政教学的"政理阐释"就是要坚定政治信仰，旗帜鲜明地拥护中国共产党这个领导核心。

三是要培养政治能力。政治能力不是抽象的，政治判断力、政治领悟力和政治执行力是其实践性要求与具象化彰显。课程思政教学要把西方国家对我国的经济封锁、外交孤立、军事威胁、技术打压等与学科专业内容结合起来进行"政理阐释"，提高学生从一般性事务中发现政治问题，从倾向性、苗头性问题中发现政治端倪，从错综复杂的矛盾关系中把握政治逻辑的判断力；结合党和国家的重大战略、重大政策、重大任务和重要工作，提升学生深入理解党中央精神的政治领悟力；增强高校学生坚决响应党的号召、落实党的决定的政治执行力。

（二）在"学理解释"中凸显课程思政教学的理论深度

学理性是科学理论的本质属性。课程思政教学必须加强学理解释，以理服人，而不能"以力服人"，更不能以势压人；要通过课程思政的学理解释培养理性与德性相统一、具有无限多样性的"现实的人"，而非单向度的"技术人"。

具体来说，"学理解释"凸显课程思政教学的理论深度要从以下几个方面着手：

一是要展现专业知识的理性之美。教师要运用案例分析、辩论等方式让学生明白理性并非忽略生命意义与价值关怀的技术膜拜，而是遵循客观规律、科技伦理，充满人文关怀和人情温暖。

二是要彰显专业知识的德性之善。知识不仅能使人向善，它本身还蕴含着道德因素，德育和智育是育人过程的两个方面。课程思政教学要在"学理解释"中挖掘专业知识所蕴含的科技伦理、学术伦理、道德伦理等德性元素，以知识的德性之美温润学生。

三是要演绎专业知识的思维之妙。知识是一个逻辑的世界，专业课中的理论推演、实验设计等无不散发着逻辑思维的光芒。课程思政教学要在专业知识的教学中向学生演绎创新思维、批判思维和辩证思维的魅力；激发学生主动提升自身的逻辑思维能力，使学生能正确认识世界和中国发展大势、正确认识时代责任和历史使命。

（三）在"事理诠释"中体现课程思政教学的实践温度

"事理诠释"，即将抽象化、理论化的专业知识转换为可感可知的"生活存在"，以一种具象化的生活形态帮助学生更好地理解知识、获得知识，实现情感认同和价值升华，彰显了课程思政教学的实践温度。人类实践的基本形式是生产实践、生活实践和交往实践，课程思政教学要围绕这三个实践进行事理诠释，引导学生懂得生产的原理、生活的哲理和做人的道理。具体来说，在"事理诠释"中体现课程思政教学的实践温度要从以下几个方面着手：

一是要借助身边事物诠释生产原理。生产原理是生产的具有普遍意义的基本规律，通常与具体的事物相对应，如某一技术的生产原理、某一产品的生产原理等。囿于主客观条件限制，以生产原理与技术产品本身的对应进行原理诠释的方式学生难以理解消化。课程思政教师要善于从生活中取材，借助身边事物进行演绎，直观地让学生理解生产原理。

二是要运用生活经验诠释生活哲理。生活经验蕴含着丰富的人生哲理，是人们理解事物、领悟思想、感悟意义的连接中介；缺乏生活经验的联结，就会出现理解的断层和盲点，这是教学走向深度的最大阻碍。课程思政教师要运用自身在人生阅历、生活经历和专业知识中的"先行者"优势，联系就业创业、生活选择、人生发展等方面的生活经验向学生诠释生活哲理。

三是要结合人际交往诠释做人道理。马克思主义认为，人是一切社会关系的总和。因为人总是要与他人相处、参加各类社交活动的。课程思政教学本身就是主客体间的交往活动，教师要结合自己与学生、自己与他人、学生与他人在交往活动中的常情、常理、常识诠释做人的道理，引导学生见贤思齐、慎思笃行。

三、课程思政教学评价要融合"三化"

教学评价是根据一定的标准、程序和手段对教学过程及结果进行评估，作出价值判断的过程。《高等学校课程思政建设指导纲要》明确指出："人才培养效果是课程思政建设评价的首要标准。"课程思政教学评价应基于"评价—反思—改进"路线，在"化"上下功夫，融合教师的教化效率和学生的内化效果、外化效益，对教师的"教"和学生的"学"进行价值判断，为教学反思和教学改进提供材料，提升课程思政教学质量。

（一）课程思政教学评价要强调教师教化的效率

教化的效率是教师的教学消耗与最终的教学产出的比例，用尽可能少的教学投入和教学消耗获得尽可能多的教学产出，表明教化效率高。课程思政的教化效率评价，要注意以下几点：

一是要考查课程思政教师是否教得精而非多。专业课程是课程思政建设的基本载体，但课程思政不是思政课程，有其独特的教学特点和教育规律，承载着具体的教学任务。课程思政教师要深入梳理专业课教学内容，结合不同的课程特点、思维方法和价值理念，深入挖掘课程思政元素，并将其融入课程教学，达到润物细无声的育人效果，而不是长篇大论地讲思政理论，把专业课上成思政课。因此，课程思政教化效率评价的核心是考查教师对思政元素的挖掘、提炼和融入是否精确、适当，而非仅仅关注思政元素数量的多少、讲授时间的长短等。

二是考查课程思政教师是否教得深而非泛。课程思政教学要以深度教学帮助学生摆脱知识的碎片化、思维的怠惰化、理解的表层化、学习进程的机械化，基于知识内在结构完整而深刻地引导学生从符号学习走向学科思想与意义系统的理解和掌握，进而产生精神意义上的进步。课程思政教学评价要考查教师是否从专业知识和思政元素的内在逻辑出发，将思政元素通过"基因式"植入教材、"生态式"融入教案、"化学式"融入教法等方式开展专业教学，而非千篇一律地列举几条与思政教育理论相关的话和知识点。

三是考查课程思政教师是否教得实而非空。课程思政教师不能将马克思主义理论当成书斋里的学问，以言之无物、与现实相脱节的简单说教把"大道理"讲空、讲偏、讲死。课程思政教学评价既要考查教师是否把价值观引导寓于专业知识传授和能力培养之中，以科学知识所蕴含的真理说服学生，又要考查教师所讲是否面向生活实际，用现实生活中的"小道理"谈"大道理"，用真情感染学生、以真实打动学生。

（二）课程思政教学评价要强调学生内化的效果

内化是外化的基本前提，对学生的学习起着更为基础的作用；内化越彻底，教学内容就越牢固；内化越自觉，教学内容就越管用；内化越迅速，教学成效就越明显。课程思政教学的内化不仅蕴含着对科学文化素质的内化，还很注重人文素质的内化，帮助高校学生形成积极健康的精神状态，使高校学生在理想信念、价值理念、道德观念等方面发生正向变化。课程思政教学评价强调的内化效果，是学生将教学内容消化吸收并转化为自身思想体系和价值体系的成效，其关注的是学生学了什么、会了什么，而不是教师讲了什么、教了什么。具体来说，强调学生内化的效果要注意以下几点：

一是看学生的理想信念是否坚定。坚定共产主义远大理想和中国特色社会主义共同理想是时代新人的首要特征。通过课程思政教学的思想引领，学生的理想信念越坚定表明内化越有效。课程思政教学评价要综合学生的学习情况和日常表现，考查其是否确立了对中国特色社会主义共同理想的坚定信念，能否正确处理个人理想与社会理想、共同理想和远大理想的关系，能否努力做共产主义远大理想和中国特色社会主义共同理想的坚定信仰者与忠实实践者。

二是看学生的价值理念是否科学。价值理念是认定事物、辨别是非的思维取向，反映的是客体和主体之间的价值关系。每个时代都有每个时代的价值观，社会主义核心价值观是新时代的主流价值观，教学评价要关注学生是否通过课程思政教学的引导，从自身做起，把社会主义核心价值观作为价值标准，评判是非曲直，进行价值取舍。

三是看学生的道德观念是否正确。课程思政教学评价既要立意高远，又要立足平实，通过学生对道德建设举措的知晓度、道德意愿的强烈程度和道德行为的落实力度等方面考查其能否在严私德中守公德、守公德中明大德。

（三）课程思政教学评价要强调学生外化的效益

哲学家只是用不同的方式解释世界，而问题在于改变世界。"解释世界"是"看"或"认知"的问题，"改变世界"是"做"或"实践"的问题。课程思政教学要让学生把所学装进头脑、内化于心，能够科学合理地"解释世界"，但又不能只装在脑袋里，而应该落实到行动上，即外化于实践。因此，课程思政教学评价要强调学生外化的效益，推动学生的学习活动从"为什么"转向"怎么做"，避免"听起来激动、想起来感动、做起来不动"的知行脱节现象。具体来说，强调学生外化的效益要注意以下几点：

一是关注学生是否将理论知识转变为外化行为。对于马克思主义理论，要能够精通它、应用它，精通的目的在于应用。学生能把在课程思政课堂中学到的"政理""学理""事理"等理论知识本身以及所形成的思维方法等运用到发现问题、分析问题、解决问题的实际活动中，如积极参加公益活动、志愿服务、实习实训等；将所学理论转化为实践行动，为他人、社会、国家作出贡献便产生了外化效益。这种外化行动越多，学生的外化效益就越显著。

二是观察学生是否将外化行为固化为行为习惯。理论知识指导实践、应用实践是一个久久为功的过程，学生只有保持习惯和持续的稳定状态，将外化行为固化为行为习惯；实现"日用而不知，体认而不察"，才是最高境界的外化、最大效益的外化。因此，课程思政教学评价要扩大观察范围、延长观察时间，看学生是否将外化行为固化为行为习惯，使其成为一种思想道德品质，自觉将爱国情、强国志外化为报国行。

总之，新时代高校课程思政要在教学准备中凸显"三新"，在教学讲授中融通"三理"，在教学评价中融合"三化"，使三个环节在教学理念上相互配合、在实施过程中相互促进、在实际成效上相互促进。

第四章　高校人文社科类课程思政的探索与实践

第一节　新时代高校人文社科类课程思政建设顶层设计

2020 年 5 月，教育部印发了《高等学校课程思政建设指导纲要》（以下简称《纲要》），要求全面推进高校课程思政建设。在《纲要》的指导下，全国各高校着手开展课程思政建设并取得了一定的成绩。

人文社科类课程思政建设具有自身特点，其所涉及的思政元素较丰富，教学设计环节较多，尤其是很多人文社科类学科与思政教育有着很强的关联性，甚至成为思政教育工作的重要组成部分。例如，社会学类课程让学生明白新时代中国特色社会主义建设所取得的成就，艺术类课程让学生在艺术创作中提高民族自信心，法学类课程让学生理解中国特色法治国家的建设意义与建设路径，等等。因此，人文社科类课程思政建设更应加强顶层设计。

一、新时代高校人文社科类课程思政顶层设计的价值意蕴

从根本上来说，课程思政就是要求所有课程都要体现出思政育人的效果。围绕立德树人这一目标，高校应把握好课程思政的三重价值意蕴，即社会主义办学方向的价值取向，社会主义建设者和接班人的价值目标，合目的性与合规律性相统一的价值属性。

在价值取向上，高校要坚持社会主义办学方向，为党育人、为国育才。这个

方向把握的关键在于教师，教师是育人的第一责任人。教师要在教学过程中确立"立德树人"的思想，就必须以优良的师德师风要求自己。学生在课堂上学习专业知识的同时，也在潜移默化地受教师人格的影响。教师在课堂上的观点、言论、品德、行为，都会成为学生效仿的对象。一个思想政治素质高的教师，其所教授的班级，必然也会形成良好的思想品德氛围。从这个意义上说，虽然课程思政的对象是学生，但其实课程思政对全体教师也有了更高的师德要求。因此，建设课程思政的过程，也是全体教师践行社会主义核心价值观、提升自我道德修养的过程。

人文社科类课程教师的特点是思想比较活跃，发散性强，创意多，个性化较强，尤其在新时代高校建设过程中，很多教师有海外留学的背景，在意识形态领域接触面很广，因此更需要通过课程思政建设，强化其社会主义核心价值观的立场，强化"立德树人"的根本立场，提高自我修养。

在价值目标上，要牢牢把握"培养什么人、怎样培养人、为谁培养人"这个根本问题，课程思政建设要始终站在培养社会主义建设者和接班人的战略高度。这要求教育者有战略眼光、大局观念、国际视野，统筹做好全方位、立体化、多层面的育人工作，形成"三全育人"格局；把思政教育工作贯穿于学校工作的各个层面，尤其贯穿到人文社会科学课程教学体系当中。这样才能达到新时代高校"立德树人"的育人目标。

在价值属性上，人文社会科学课程教师要始终坚持合目的性与合规律性相统一的原则。"立德树人"的最终落脚点是学生，而学生有其自身的成长规律和认知规律，因此课程思政要用符合教育规律的方式循循善诱，促进他们思想道德修养的提升和政治觉悟的提高。这个教育规律应该是"一切以学生为中心"的出发点和"理论和实践"教学方式的结合。对人文社科类课程来说，很多专业的知识内容或多或少地会与意识形态相关联，如哲学、法学、政治学、社会学、新闻学、经济学、艺术学、历史学等学科，都会涉及古今中外的各种思潮；如果在专业课上教师不能正确引导学生对这些思潮进行甄别，学生可能会形成错误的世界观和人生观。因此，教师在讲授这些专业知识的过程中，既要注重育人目标的实现，又要尊重教育规律和个性特点。

二、新时代高校人文社科类课程思政顶层设计的方案

新时代高校人文社科类课程思政顶层设计，是通过校级层面的顶层设计，涵盖高校人文社科类课程思政的建设全方面，通过对教学目标、课程内容、教师考评、人才培养、资源保障等一系列指标的统一规划，形成自上而下、分工明确、权责明晰、相互配合且高效的课程思政建设方案。课程思政建设方案应具备以下六个维度：

第一，课程思政设计方案必须由校级层面领导制定，由校党委牵头，以马克思主义学院为主导，相关专业学院和各职能部门参与制定的人文社科类课程思政建设方案。这样才能体现校级层面的重视，并能调动全校各方面的资源。

第二，方案是涵盖从人才培养计划到学生就业的全过程的指导性方案，即从学生入校开始到毕业，包含全部理论课程和实践、实习课程在内的指导性方案，贯穿于整个教学过程，形成闭环。各专业学院再根据方案制定每个专业的课程思政建设方案。

第三，根据不同专业特点，制定具有不同侧重点的建设方案。

第四，马克思主义学院要全程参与方案的制定与实施；思政课教师要参与各专业的课程思政建设过程，与专业学院协同建设。

第五，方案包含教师培训、监督考评、职称评审、资源支持等多方面，各职能部门要通力配合，全方位保障。

第六，方案要有检验和反馈机制，有效检验教学效果，并根据学生反馈，及时改进。

通过上述六个维度的课程思政建设，新时代高校人文社科类课程思政顶层设计能够成为行之有效的体系。

三、新时代高校人文社科类课程思政顶层设计的内容

（一）指导思想和原则

以中共中央办公厅、国务院办公厅印发的《关于深化新时代学校思想政治理论课改革创新的若干意见》、教育部印发的《高等学校课程思政建设指导纲要》为

指导，深度挖掘人文社科类课程所蕴含的思政教育资源，解决好各类课程与思政课程相互配合的问题，发挥所有人文社科类课程的育人功能，使专业课与思政课同向同行，形成协同效应。确保在教学和教学管理过程的各个环节都能够围绕"立德树人"这一根本任务，形成系统化的"专业课+思政元素+德育"的培养体系。

（二）组织领导

人文社科类课程思政建设须在高校党委的领导下进行。课程思政本质上体现了党的意识形态，属于思政教育的一部分，是意识形态教育的重要阵地。高校课程思政建设应该由高校党委直接领导，建立校级课程思政工作领导小组，由校党委书记任一把手，马克思主义学院负责人和有关职能部门（如党委宣传部、组织部、教务部、督导办、学工部等）负责人参加。相关专业学院建立的课程思政工作领导小组，由学院党委书记、分管教学的副院长、各系（部）负责人参加。这一小组负责将校级课程思政工作领导小组的政策在学院工作中落实，并对校级课程思政工作领导小组负责。

（三）方案的制定和机制的建设

1.学校层面方案的制定和机制的建设

在方案方面，一是要根据党和国家相关文件精神，确定"课程思政指导意见"和"课程思政实施方案"，对课程思政的意义、目标任务、组织领导、建设举措、条件保障、激励措施等方面作出明确规定；二是要修订人才培养方案，根据国家"新文科"的建设方针，将课程思政放入专业人才培养方案中通盘设计，强调学科之间的相互融合、优势互补。

在机制方面，对于制度如何贯彻落实，各部门之间如何协调运行，尤其是专业学院与马克思主义学院的合作机制，都需要学校推动协调。学校可以通过组织各学院和相关职能部门召开协调会议等方式进行工作部署和推进，如可以通过定期组织课程思政优秀示范课评选、教学设计大赛等方式，可以把课程思政建设成果与绩效考核、评优评先和职称晋升等荣誉和利益挂钩，以激发教师队伍的内生动力。

2.学院层面方案的制定和机制的建设

在方案方面，马克思主义学院和其他学院应该根据学校的相关制度制定本院的课程思政建设实施方案,进一步对本学院课程思政建设的目标任务、组织领导、具体工作措施、条件保障、考评细则、激励措施等作出明确规定。

在机制方面，各高校都应将马克思主义学院作为课程思政建设的枢纽，由马克思主义学院教师与各专业课教师结对共建课程思政。马克思主义学院教师可以有效弥补专业课教师思政知识的不足，能够比较准确地挖掘专业课程中的思政元素、找到专业知识与思政元素的结合点。马克思主义学院教师可以通过专题讲座、教学研讨会、教学示范课、课堂听课评课等形式对专业课教师进行指导，及时解答他们在课程思政建设过程中的困惑。

（四）课程思政内容和方法设计

课程思政涉及意识形态内容，学校相关部门和人员需要在教学内容设计上进行把关，对专业课程教学大纲、教案和教学日历都要进行常规性督查。同一类专业的不同课程之间往往融入相同的思政内容，影响课程思政建设效果。这也需要校级课程思政工作领导小组根据不同学院的专业特点，确定不同学院在课程思政内容上的侧重点；各专业学院要有所区分，即使是相同的思政元素，对不同专业学院而言，重点也应该不同。例如，爱国主义内容可以融入所有专业的课程；在法学院的课程中，就应该重点讲述中国特色社会主义法治体系对全面建成社会主义现代化强国的贡献，使学生树立法治意识；在艺术学院的课程当中，应该重点弘扬中华民族美育精神，全面提高学生的审美能力和人文素养，使学生增强文化自信。专业学院在融入同一个课程思政内容点的时候，不能千篇一律。这就要求在学校层面针对专业学院的内容做好顶层设计,进行相应的引导。在教学方法上，专业学院教师存在的共性问题，就是专业知识与思政元素"两张皮"，教学方法生硬、单一，这需要学校通过培训、专题辅导等方式来解决。

对于课程思政教学内容和方法的顶层设计，以人文社科类课程为例，需要重点考虑以下两个问题：

1.要将"四个自信"贯穿全部课程

人文社科类课程具有鲜明的思想意识和人文情怀，可挖掘的思政元素比较丰富，课程思政目标很明确，就是要使学生掌握马克思主义世界观和方法论，从历史与现实、理论与实践等维度深刻理解习近平新时代中国特色社会主义思想，深刻理解社会主义核心价值观，自觉弘扬中华优秀传统文化、社会主义先进文化，从而坚定"四个自信"。"四个自信"贯穿于课程始终，这就要求专业课教师必须坚定"四个自信"。有信仰的教师才能真正把"四个自信"融入教学过程，深入学生内心。

2.要提升学生的政治认同，树立家国情怀和大局意识

当代青年既生逢其时，也重任在肩；既处于百年未有之大变局时代，也处于百舸争流的奋进时代，肩负着民族复兴的历史重任，需要从家国情怀中汲取精神养分。人文社科专业的学生有丰富的想象力、开阔的思维、浓浓的人文情怀；人文社科类课程较容易融入思政元素，较容易实现课程思政目标。因此，人文社科类课程思政可以率先示范，结合当今国内外大事，帮助学生提升政治认同，树立家国情怀和大局意识。

（五）条件保障

课程思政建设是一项系统而复杂的工程，需要学校各部门高度重视，统筹全校多方面资源，包括人力资源、物质资源。在教师队伍建设上，高校要提供相关培训学习机会，引进高素质教师，构建合理的教师梯队；在经费投入上，高校要设置课程思政建设专项经费；在教学设备方面，高校要给予必要的支持。

综上所述，各高校只有提高政治站位，形成由党委统一领导、党政齐抓共管、相关部门联动、院系落实推进、自身特色鲜明的课程思政建设工作格局；加强马克思主义学院与各专业学院之间的通力合作，发挥人文社科类课程思政建设示范引领作用。只有这样，新时代高校才能承担起教育使命和育人责任。

第二节　"新文科"背景下课程思政现状与建设路径探索

2016 年 12 月，在全国高校思想政治工作会议上，习近平指出："其他各门课都要守好一段渠、种好责任田，使各类课程与思想政治理论课同向同行，形成协同效应。"

2020 年 6 月，教育部印发了《高等学校课程思政建设指导纲要》，《纲要》指出全面推进高校课程思政建设是深入贯彻习近平总书记关于教育的重要论述和全国教育大会精神、落实"立德树人"根本任务的战略举措。高校要深化教育教学改革，充分挖掘各类课程思想政治资源，发挥好每门课程的育人作用，全面提高人才培养质量；同时，《纲要》指出课程思政建设要在所有高校、所有学科专业全面推进。

2020 年 11 月 3 日，由教育部新文科建设工作组主办的新文科建设工作会议在山东召开。会议研究了新时代中国高等文科教育创新发展举措，发布了《新文科建设宣言》，提出了新文科建设任务：构建世界水平、中国特色的文科人才培养体系，明确总体目标，强化价值引领，牢牢把握文科教育的价值导向性，坚持"立德树人"，全面推进高校思想政治建设，推动习近平新时代中国特色社会主义思想进教材、进课堂、进头脑，提高学生的思想觉悟、道德水准、文明素养，培养担当民族复兴大任的新时代文科人才。

在新时代，新文科建设是增强学生自信心、自豪感、自主性，产生影响力、感召力、塑造力的主阵地、主战场、主渠道，新文科建设的宗旨与课程思政的理念高度契合。习近平总书记在与思政教育相关的一系列会议上的重要讲话，体现出党中央高度重视课程思政，各高校也都在如火如荼地开展课程思政建设。

一、高校新文科专业课程思政的现状

（一）课程思政顶层设计不够完善，支撑力不足

从 2014 年上海市教育委员会首次正式提出"课程思政"概念，到 2016 年习

近平总书记在全国高校思想政治工作会议上的讲话，再到 2020 年教育部印发《高等学校课程思政建设指导纲要》，国家层面有一套系统的政策和指导纲领，从大政方针到实施细则都系统地对高校开展课程思政建设进行指导，将高校全面开展课程思政建设推向了高潮。在国家的大力支持下，高校也都在积极提倡课程思政，但大部分高校只是以思政课教师的人才引进和口头宣传为主，没有针对本校课程思政如何实施、谁来实施、如何评价、如何激励等问题形成系统的齐抓共管的领导机制、育人机制、管理机制、评价机制。这就造成了课程思政成为各专业课教师的自主性行为，教师各自为战，开展思政课程是教师凭借自己的认知，导致思政教育效果不佳。

（二）新文科专业教师课程思政意识薄弱、认识不深与能力不足

虽然国家层面在课程思政方面给予了大力支持与指导，但是高校部分教师在课程思政方面仍然存在一些问题。

一是课程思政意识薄弱。我国高校传统的专业教育与思政教育两条平行的教育理念在高校部分教师的观念中根深蒂固，部分专业课教师认为他们的教学任务是向学生传授知识和培养学生能力，而思政教育是思政类课程的任务。部分教师的旧观念还没有转变。

二是对课程思政认知不深。在国家高度重视和学校大力提倡的形势下，部分教师虽然开展课程思政，但是方式太过生硬、内容太过浅显，与专业课内容缺少联系，仅仅在每节课程中加入一些思政内容；对课程思政的态度不够端正，仅仅是为了完成任务，导致专业教育与思政教育脱节。出现这些问题的根本原因是部分教师对课程思政认知不深、不全面。

三是课程思政能力不足。课程思政要求专业课教师在课堂上既要传授专业知识、对学生进行能力培养，也要进行价值塑造。但是，部分专业课教师只注重专业能力的提升，课程思政能力不足，无法实现课程思政的目标。

（三）课程思政与高校特色脱节，未形成高校自身课程思政特色

全国各高校都在开展课程思政建设，但是开展的方式基本相似，未结合自身

的特色、各专业的特点，以及各类课程的性质、目标而采取相应的思政手段、选择合适的思政内容。部分专业课教师在课程思政建设的学习交流过程中照搬别人的思政方式，课程思政效果较差，未做到在学习他人经验的基础上结合本专业特点。新时代，教育部提出了"新文科""新工科"的概念，要求不同课程与思政教育的融入方式、嵌入点因高校、专业、课程的不同而有差异，形成各高校自身的课程思政特色。

（四）评价体系中对德育效果的评价实施比较困难

课程思政要寓价值引领于知识传授与能力培养，新文科专业开展课程思政是要培养既具有社会科学知识、实践能力，又拥有积极的世界观、人生观、价值观的新时代社会主义复合型人才。所以，高校课政教育评价体系不仅要注重对学生智育效果的评价，而且要对学生的德育效果进行评价。一般采用定量的评价方式对学生的知识水平和实践能力进行测评。但是，德育是一个长期工程，课程思政对学生价值观、爱国情怀、责任担当的教育效果在短期内很难显现出来，这种教育成果可能需要在学生在今后几年甚至十几年的生活、学习、工作中体现出来，因此很难在短期内对其进行有效评价。目前高校的评价一般是一学期或者一学年进行一次，这就容易导致对学生的德育评价结果不全面。对于课程思政实践中出现的这种现象，可以通过完善评价机制进行改善。针对"德育"效果的评价，可以坚持过程性短期评价机制与效果长期评价机制相结合，定性与定量相结合，按学期或学年对教师开展课程思政的过程进行评价。针对课程思政的育人效果，可以发挥辅导员的作用，对学生进行长期跟踪测评。

（五）协同育人的融合度不够

课程思政提倡各类课程与思想政治课程同向同行，形成协同效应。高校在每门课中推行课程思政，各类课程都承担着育人育才的使命。但是在实践中，各类课程仅仅在形式上进行了课程思政，内容上融合转化度较低，协同性不够。虽然搭建了课程思政教师沟通平台，建设了课程思政团队，但平台的利用率不高。由于教师办公地、行政隶属不同，团队成员之间的沟通不多，共享的资源较少，各类教师在课程思政中的协同性不高。针对此种情况，可以适当调整学校的组织结构，构建创新型、学习型组织和灵活的矩阵型组织结构，加强对课程思政教师教学团队的绩效考核，加强反馈，建立课程思政协同育人机制，建立健全课程思政保障机制。

在新文科背景下，应将课程思政与新文科专业课程特色相结合，坚持"立德树人"、协同育人理念，从高校顶层设计到一线教师队伍建设，从课程主阵地改革到课堂主渠道设计，建设课程思政体系，积极探索推动高校新文科专业开展课程思政的有效路径。

二、"新文科"背景下"五位一体"的课程思政建设

（一）高校课程思政顶层设计

高校要全面、高效地开展课程思政，需要从学校顶层出发，建设完善的课程思政领导机制、协同机制、制度保障机制，形成"国家→学校→二级学院→教师→课程→课堂"的完整的课程思政建设链。从高校顶层到课堂一线合力推动高校课程思政建设。

高校应该制定课程思政管理专项制度，课程思政管理专项制度就是高校课程思政建设顺利推进的保障。课程思政管理专项制度能够解决课程思政建设中的系列问题，其包括决策制度、组织结构制度、领导制度、激励制度等。

（二）教师队伍建设

教师是课程思政的主力军，是高校推进课程思政建设的中坚力量，离开教师进行课程思政建设是不现实的。课程思政的铸魂育人功能的发挥依靠各类教师同心合力、协同一致。新文科建设中的教师有思政课教师、专业课教师、社会实践导师、辅导员等四类；要充分发挥教师主力军的作用，就需要让这四类教师同向同行，打破各类教师"各自为战"的壁垒，加强横向沟通，提高教师的课程思政

能力。具体来说，高校课程思政教师队伍建设要做好以下几个方面：

第一，组织思政培训。例如，为全体教师解读课程思政政策，增强教师的思政意识，提升教师对课程思政的认知；请思政课教师为专业课教师编写相关思政教材，帮助专业课教师提高思政教学能力；在新晋教师的岗前培训中增加课程思政专项培训，对在岗的教师定期开展职中课程思政培训。

第二，打造"课程思政教师集群"，搭建各类教师联合交流平台。在四类教师中，思政课教师是掌握思政理论知识最全面的教师，应该是课程思政建设中的引导者。专业课教师在本专业领域的研究比较深入，人数较多，专业课程也是学生最为重视的课程，学生与专业课教师的接触也更多；专业课教师应该是课程思政改革中的主力军。社会实践导师更清楚社会对人才的要求，其在课堂中可以更准确地帮助学生提高职业素养和心理素质，树立正确的"三观"。辅导员对学生的思想状态最为了解，是学生在学校的"大家长"，最受学生信赖。所有的思政教育都是以学生已有的知识经验为基础的，不同的学生需要引导的内容有很大的区别。本文建议以高校课程和专业两个维度为中心，建设课程思政教师团队。高校新文科专业课程通常有通识课程、专业课程、实践课程三大类，按照三类课程搭建不同的课程组，每类课程组由思政课教师、专业课教师、社会实践导师、辅导员组成，打造"3×4"交叉融合的矩阵课程思政教师团队，如图4-1所示：

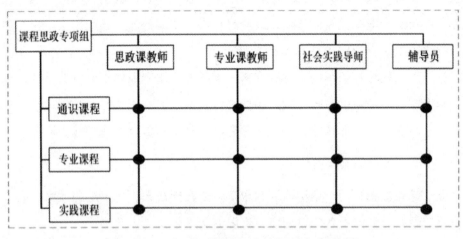

图4-1　"3×4"课程思政教师队伍结构图

三类课程的课程思政专项组从不同专业的教研组中抽调教师，其机动性强，沟通顺畅，通过异质组合能够实现创新。不同专业、不同类型的教师在一起集体为某课程的思政建设备课，深挖课程思政元素，明确理论知识的"疑惑点"、思想的"共鸣点"、情感的"触发点"、思政元素的"嵌入点"。

（三）课程体系建设

课程是课程思政的主战场，在新文科背景下开展课程思政，即将思政教育融入新文科专业课程中，在完成知识传授、能力培养的同时引导学生的价值塑造，践行"三全育人"理念。在课程思政理念下，课程体系改革就是要打破原有的各类课程之间的"孤岛效应"，将各类课程与思政课程相衔接，即课程目标、课程教材、课程大纲的全面衔接，而不是仅仅在某门课程中嵌入思政内容。课程思政要将思政教育与专业教育融合为一体，做到"三全育人"，使思政教育与专业教育产生"1+1＞2"的效果。

第一，课程目标的制定。课程目标应清晰设定德育与智育目标，包括专业知识目标、能力培养目标、价值塑造目标，从而为每类课程确定清晰的育人方向。

第二，课程教材的选用。高校要修订各类专业教材，加强课堂教学设计，推进马克思主义理论研究和建设工程教材、思政课统编教材编写修订，鼓励本校课程教师团队自编教材。教师在自编教材时可以收集本校的校情、校史、校友先进事迹，以及结合本区域资源等，用这些材料讲好中国故事、学校历史，将身边的人、身边的事、身边的景融入专业知识。

第三，课程大纲的编制。编制课程大纲既要注重专业知识的章节结构，也要在大纲中挖掘出每章的思政元素，如提炼每章节中的家国情怀、爱国精神、社会责任、政治认同、职业素养、心理素质等，同时找出每章的思政元素嵌入点。

（四）课堂教学设计

课堂是课程思政的主渠道，课堂教学效果直接决定课程思政的成效。教师需要在课前做好充分的准备，以便取得良好的课堂效果。

第一，融合课堂内容。根据课程大纲安排课程内容，合理设计德育与智育的内容以及比例，不能把专业课上成思政课；要将思政元素融入专业知识，拒绝说教式的教育。

第二，增加教学载体。运用信息化教学手段开展线上线下混合式教学，建立线上课程案例库、习题库、资源拓展库，将一些思政元素作为线上课程资源，供学生在课前、课后学习。

第三，打造实践课堂新阵地，坚持第一课堂和第二课堂协同育人。人文社科类课程本身有着天然的德育优势，但是这类课程理论性比较强，实践性较弱，所以高校应该为学生打造实践基地，搭建思政平台。例如，可以打造校企合作平台，让学生去企业参观实践，提高职业素养；与红色基地合作，定期组织学生参观，培养学生的艰苦奋斗精神；邀请优秀的校友回校交流，发挥榜样的作用，引导学生树立正确的学习观；结合党史和本校校情、校史打造校园博物馆，展现党和学校的奋斗历程；等等。

第四，丰富教学方式。改变传统的以教师为中心的"满堂灌"的教学，增加课堂互动环节，结合专业知识点，运用任务驱动、案例讨论、情景模拟等"理实一体化"教学方式，让学生通过实践提高应用专业知识的能力。同时，教师发挥引导作用，适时进行启发式提问，对学生的答案进行点评总结，以此开展课程思政。

（五）评价体系建设

科学、合理的评价机制是推动课程思政建设的动力。基于课程思政理念的线上线下混合式、理实一体化教学模式建设评价体系，包括对学生"学"的评价和对教师"教"的评价。

1.对学生"学"的评价

传统的以结果为导向的评价机制已经不适应新的教学模式。新文科专业课程是为了人文素养的提升，所以评价内容从原来的对专业知识掌握的单一维度转变为针对知识、能力、责任担当、家国情怀等多维度，建立相应的评价指标。新文科专业课程利用线上线下混合式、"理实一体化"教学模式开展课程思政，需要对学生线上和线下的学习情况分别进行评价；评价方式从传统的教师"一言堂"转变为学生自评、生生互评、教师评价相结合的方式。

2.对教师"教"的评价

对教师"教"的评价主要从教师的教学能力、科研能力、职业素养三个维度进行评价。

（1）教学能力评价

教学能力评价主要采用督导组进课堂，课程思政教学团队、专业教研室教师互评，学生评价，教师自评等方式进行综合评价。督导组成员由传统文科课程专业教师团队换成由专业课教师和课程思政专项小组成员共同组成的团队，分别从专业领域与思政领域两个方面对教师的课堂教学进行评价。

（2）科研能力评价

科研能力评价主要由学校教师发展中心采用定量评价的方式，对教师在专业领域与课程思政领域的科研成果进行综合评价，促进专业课教师在科研方面"两条腿走路"，改变"重专业、轻思政"的现象，以科研促课程思政教学，在课程思政领域同样做到教研相长。

（3）职业素养评价

教师是课程思政的主力军，对教师职业素养的评价在课程思政建设中非常重要。这就需要从教师的日常言行、课堂言语导向、党组织活动参与度、与团队成员的配合、教育观念、事业心、开拓创新精神等方面进行评价。

第三节　管理类专业课程思政

管理类专业课程思政的实施，能够让学生对管理的原理及方法进行了解，对基本职能的管理知识能够提前运用；能够让学生学会通过管理艺术在日后对员工进行领导、激励和调动；能够培养学生的职业道德和思想品德，提升他们的政治理论水平，使他们产生良好的思想动机，获得较好的行动结果；能够使学生了解理论与实践的差异，理性地分析、解决问题，从而全面提高综合素质；能够把学生培养成合格的管理型人才。

一、管理类专业课程思政实施策略

（一）在管理类专业课程思政教学中应该深入贯彻以人为本的理念

在管理类专业课程思政教学中深入贯彻以人为本的理念，就是强调专业课教师可以用思政教育这种方式来重视学生的需要，信任学生、依靠学生、尊重学生，鼓励学生实现全面发展。专业课教师还要运用恰当的思政教育方法，使学生了解怎样管理人、改造人，学会围绕调动和激发人的积极性、主动性、创造性，以实现组织与人共同发展为主要目标的管理活动。

（二）在管理类专业课程思政教学中应该灵活运用多种方法

管理类专业课程思政教学的实施是一个循序渐进的过程，课程思政应当贯穿于管理类专业课程的整个教学过程。在管理类专业课程思政教学过程中，教师可以结合学生的潜力、需要、行为特点和心理来对方法进行选择，并灵活运用多种合适的方法，以提高教学的针对性，从而获得良好的教学效果。

二、财务管理专业课程思政教学分析

（一）财务管理专业课程教学中实施课程思政的必要性

1.适应新时代经济发展需要，培养德才兼备的应用型财务管理人才

党的十八大以来，随着中国特色社会主义进入新时代，我国国民经济也进入了新的发展阶段，经济增长由高速发展阶段转向高质量发展阶段，经济发展方式和增长动力转化，以及经济结构优化进入攻坚期。经济社会越发展就越需要高素

质的财务管理人才。新时代、新经济和新业态对我国财务管理人才的综合素质要求越来越高。国际高等商学院协会认为商科教育（包括会计学）应该努力实现十个目标：有效的沟通能力、商业伦理、商学通识、批判性思维、有效的决策能力、解决问题的能力、整合不同商学专业知识的能力、全球性思维、团队能力、专业能力等。目前，我国高校财务管理人才以培养应用型财务工作者为主要目标，注重提高学生解决实际问题的能力，注重培养学生的应用技能；当前财务管理专业普遍存在重理论和应用，忽视人文素质和价值观培养的问题，部分财务管理专业学生存在道德选择偏差和诚信意识缺乏等问题。因此，当前亟须以专业技能知识为载体加强思政教育，改变财务管理专业课程教学中存在的重智轻德的现象，以培养新时代经济发展新阶段所需要的德才兼备的应用型财务管理人才。

2.发挥财务管理专业课程的隐性教育功能，构建全课程育人格局

随着我国社会主义市场经济的发展，财务管理在经济社会发展中的作用越来越重要，财务管理人员在经济社会发展中的地位也愈加凸显。与此同时，在市场利益的驱使和金钱利益诱惑之下，近年来我国财务领域的诚信缺失、财务造假、侵占公款、虚开增值税发票、以权谋私、核算不实等问题时有发生，导致我国部分财务会计信息严重失真。这给信息使用者及其所在单位造成了危害，不利于我国社会主义市场经济的健康发展。因此，在社会主义市场经济快速发展、财务工作环境日益复杂的时代，大力加强财务管理人员的职业道德建设、提升财务管理人员的职业道德水平已经成为财务领域一项重要而紧迫的任务。要想有效地减少财务领域失信和职业道德缺失的现象，其中重要的一环就是加强财务管理人员在高校学习期间的思想道德建设，从源头上减少或杜绝财务人员不法行为的产生。

目前，部分高校专业课程教育以知识技能教育为主，未能充分认识和把握立德树人的时代价值，不能发挥专业课程在培育学生社会主义核心价值观中的隐性作用。学生的思政教育主要依靠思政课的显性作用，思政教育面临着"孤岛"困境。课程思政提倡以专业知识技能为载体开展思想道德教育，将思政教育融入专业课程教学的全过程，发挥专业课程的隐性思政功效，促进全课程育人格局的构建。因此，应有效结合财务管理专业课程实践性和应用性的特点，发挥财务管理专业课程的隐性教育功能，促进全课程育人格局的构建，将思想政治工作融入财务管理专业课程建设中。

3.提升财务管理专业课程实际教学效果，培养时代新人

2018年6月，教育部在四川成都召开新时代全国高等学校本科教育工作会议。会议指出，要坚持"以本为本"，推进"四个回归"。其中"回归初心"要求高校必须努力构建全员、全过程、全方位的"三全育人"大格局；促进专业知识与思政教育二者的融合，着力培养又红又专、全面发展的时代新人。

传统的财务管理课程教学往往仅关注财务专业所涉及的知识技能，没有立足于价值和创新体系的构建，教学方法单一，且没有充分挖掘课程育人元素，没有有效结合当前社会经济中学生关注的热点和问题，教学内容不够丰富，实际教学效果不够理想。

以课程思政理念来推动财务管理专业课程教学改革，结合学生所关注的热点和现实问题，梳理专业课程中所涵盖的德育元素，能够有效提高财务管理专业课程的吸引力和感染力，激发学生对专业课程的学习热情，提升实际的教学效果。与此同时，在财务管理专业实施课程思政能够有效地将思政元素融入财务管理专业课程教学环节中，将学术和学科资源有效地转化为育人资源，以扭转目前专业课程中重知识、轻育人的现象。在丰富专业学科教育内容的同时，实现知识体系和价值体系构建的统一，促进财务管理专业教学"回归初心"，让课程教育回归育人的根本目的。

（二）课程思政在高校财务管理专业课程教学改革中的实施路径

1.尊重财务管理专业课程建设规律，推进课程建设与改革

课程是学校和专业发展的核心支撑，是面向学生传授知识和技能的基本单元，承载着基本的教学内容，具有鲜明的价值属性，关乎学生思想和能力的发展。课程思政的基础在于搞好专业课程建设。因此，思政课程在财务管理专业课程中的实施必须立足于财务管理专业课程、尊重财务管理专业课程建设规律。通过以下三个方面来推进专业课程建设和改革：

（1）重新界定人才培养目标，修订人才培养方案和课程教学大纲

专业人才培养方案是高校人才培养规格和目标的实践化与具体化，是高等教育活动开展的根本性指导文件。为了确保课程思政理念在高校财务管理专业教学改革中得以贯彻实施，必须逐步修订专业人才培养方案，将课程思政理念贯穿于人才培养方案的制定与修订的过程。从目前来看，大部分高校财务管理专业人才培养的目标主要是提高应用能力，强化实务操作，提供新形势下企业所需的高素质应用型财务管理人才。虽然高校都对德育作了一定的要求，但是没有真正在人才培养方案中对思政教育予以特别的重视。因此，必须基于课程思政理念来修订财务管理人才培养方案，重新制定财务管理专业人才培养目标，制订出合适的德育人才培养计划和确定培养目标，以确保财务管理专业课程思政建设的规范化和标准化。

课程教学大纲是明确课程基本内容、教学目标、进度和方法等的规范性教学文件，具有计划、契约、沟通、认知路线图、学术记录和教学评估等功能。为了推动课程思政在财务管理专业各类课程中的规范化，必须修订和完善各类专业课程教学大纲，将课程思政理念在课程教学大纲中予以明确体现，以指导教师深入发掘专业课程中的思政资源，实现专业课程知识、能力和情感目标的统一。

（2）改进财务管理专业课程教学设计，创新教学方法和手段

教学设计是教育技术的重要组成部分，其能够有效调节教学进程、检验课程教学效果，反映教师的教学理念、思路和行动计划，明确指向教学活动，强调对教学过程的理解和改进。良好的教学设计能够促使课堂教学更加富有创造力，激发学生课程学习的热情和积极性，促进教学效果的提升。因此，加强和完善财务管理专业课程课堂教学的教学设计，对利用好课堂教学主渠道、推进课程思政至关重要。具体可以从以下几个方面入手：

第一，要以专业课程教学育人为导向，认真挖掘和梳理各类专业课程中的思政元素。通过教学目标、教学起点、教学内容、教学时间和教学方法等设计，将思政元素融入专业课程教学的各环节中，以专业知识为载体进行思政教育工作，实现价值观教育与知识讲授同频共振。

第二，以认真分析财务管理专业学生的当前思想状态和特征为教学起点，在教学目标设计上强调情感态度和价值观维度的目标，并结合德育目标加强教学设计的评价、反思和调整。

第三，注重教学手段的创新，充分利用互联网和新媒体技术与平台，促进网络信息技术与专业教学的深度融合，完善线上平台课程思政资源库，实现线上网络互动和线下课程教学育人相结合。

第四，创新与课程思政理念相融合的教学方法，综合运用混合式教学、情景模拟教学和案例教学等多种教学方法，巧妙地将情感态度和价值观教育融入多样化的课程教学，让学生在学习专业知识的过程中深入思考自己作为财务人的使命和责任，潜移默化地实现知识教授与价值引领相统一的教育目标。

（3）建立和完善财务管理专业思政实践课程平台，开展课程思政建设

2017年12月，教育部党组发布的《高校思想政治工作质量提升工程实施纲要》明确提出，要构建以立德树人为根本、以社会主义核心价值观为引领的"十大"育人体系，以着力培养德智体美劳全面发展的社会主义事业建设者和接班人。其中，实践育人是"十大"育人体系中的一个重要内容。实践育人要求思政教育必须整合各类实践资源，创新实践形式，在实践中提高实践能力、培育核心价值观。因此，要在财务管理专业课程中推进课程思政，建立和完善学生实践平台，牢牢把握实践教学环节，将理论教学与实践相结合，发挥实践课程育人功效。

财务管理专业思政实践课程平台的建立主要从校内和校外两个方面来考虑。在校内学科竞赛和创新创业实践中融入团队精神、奋斗探索精神、创新精神和诚信意识的教育元素，充分利用寒暑假期，在实训环节中培育学生的实际动手能力和科学严谨精神；在校外，高校应该积极主动与企业加强合作，共同建立一批具有财务管理专业特色的实习实训基地，聘请专家为指导教师，将财务职业核心素养融入实习实训中，在实习实训中培养学生爱岗敬业、诚实守信的品格和工匠精神。

2.把握课程思政核心，构建财务管理专业课程的思政逻辑

苏格拉底提出了"知识即美德"的核心命题。他认为，知识具有善性，对思想道德建设具有重要的意义。推进课程思政就必须充分发挥财务管理专业知识中

的善性，立足于专业学科的学术内涵，积极推动课程思政建设，挖掘和利用专业课程中蕴含的德育知识和思政资源。

（1）以财务职业道德和企业精神为财务管理专业课程思政提供丰富滋养

财务管理人员不仅需要扎实的理论和实务水平，还需要具有较高的职业道德水平，以积极、诚信和客观公正的职业态度对待财务工作。因此，高校可以考虑在财务管理人才培养方案中单独设置包含财务伦理、职业准则和法律等方面内容的财务职业道德类课程，以更好地帮助学生树立正确的职业道德观，建立科学、正确的财务职业道德，更重要的是将财务职业道德精神教育贯穿于各类专业课程，融入课程教学全过程；尤其是要注重寻找专业知识与职业道德教育之间最佳的有效结合点，促进知识技能传授与职业道德精神教育有效融合。同时，要将企业文化融入财务管理专业课程教育中，为学生创设一个氛围浓厚的职业道德精神学习环境，让学生在耳濡目染中形成高尚的财务职业道德品格。通过定期邀请企业财务经理举行讲座、专家进课堂的方式，将企业文化、职业纪律、职业意识、团结合作、爱岗敬业的精神引入财务专业课堂，让学生感受到企业文化、优秀的企业精神，增强财务职业意识，提升财务职业道德素养，以实现企业文化育人，提升财务管理专业课程思政的实施效果。

（2）以财务伦理渗透为财务管理专业课程思政提供价值依托

财务伦理是企业财务道德的评价和判断，其体现了财务活动中人与人之间的伦理关系特质和价值属性。财务伦理对企业的可持续发展至关重要，是各类企业财务活动与行为必须遵循的基本原则和规范。财务伦理观念的发展是市场经济发展的需要，其对规范市场经济行为的作用日益突出。近年来，会计舞弊、财务造假、侵占公款等现象时有发生，给社会、企业和投资者造成了严重的危害，同时也极大地损害了财务人员的职业形象，企业和财务人员陷入诚信危机。造成这种现象的原因很多，其中一个很重要的原因就是财务人员和企业伦理道德缺失。专业伦理是财务管理专业课教师实施课程思政的重要发力点。"诚实守信""实事求是"可以说是财务管理专业伦理最直观的遵循。因此，在财务管理专业中推进课程思政必须高度重视财务伦理道德的作用，大力推进以诚信为核心的财务伦理道德教育。可以在专业课程中，通过案例教学法向学生讲授现实社会中正反两个方面的实例，阐明正确的义利观，让学生在课程学习中认识到财务行为的经济和法律后果。例如，引入财务人员造假、挪用公款被判刑的实际案例来警示学生，促使学生树立诚信是财务人员的道德和法律底线的观念。高校要下大力气梳理课程教学内容，寻找财务专业知识中的思政元素，将财务伦理思想融入专业知识，通过课程教学潜移默化地将正确的伦理价值追求和信念传递给学生，以培养适应社会主义市场经济健康发展的具有正确伦理道德观念的财务人员。

（3）以财务专业的历史人物为财务管理专业课程思政提供德育支点

通过榜样的人格力量引导和激励受教育者自我内化目标品质、构建自我价值观和行为方式的有效教育活动，其具有示范、激励、调整和自律等多元化功能，在高校学生思政教育中发挥着重要的作用。推进课程思政同样需要发挥专业领域正面人物的榜样作用，这就要求时刻关注学生的情感反应，将优秀校友、具有高尚财务职业道德的名人事迹引入财务管理专业课堂，将其转换为职业道德和核心价值观最生动的教育载体，以提升专业课程思政话语传播的有效性。例如，可以充分挖掘名人事迹，通过这些人物身上所具备的高尚品质来激励学生刻苦学习，认真探索和创新财务理论与实践，提高专业历史责任感和时代使命感。

3.建立一支能够适应财务管理专业课程思政改革的教师队伍

在财务管理专业教学改革中推进课程思政建设需要凸显教师的因素，把握专业课教师在课程思政实施中的主体地位，发挥教师课堂教学第一责任人的作用；努力建立一支有理想信念、道德情操、知识扎实和仁爱之心的教师队伍，切实提升专业课教师的德育意识和德育能力，促进专业教学和价值引领相统一，鼓励教师做好学生成长成才的引路人和指导者。

（1）促进专业课教师思想认识和教学态度的转变，强化德育意识

人的思想意识支配人的社会行为，从而影响人的行为后果。在专业课程教学改革中推动课程思政建设，要求教师改变只教书不育人的观念。"师者，所以传道受业解惑也。"教师应强化思政理论学习，深入领会课程思政教学理念，强化既教书又育人的思政教育意识，将教书与育人、立德与树人有效结合，将思政教育理

念以隐性方式嵌入各类课程教学，引入专业课教师的话语体系，引导专业课教师以德立身、以德立学和以德施教。专业课程教学改革中应明确所有专业课教师需承担的育人职责，使各门专业课程发挥育人功效。专业课教师必须坚定马克思主义立场，在推进课程思政的过程中树立主体意识。专业课教师必须加强自身道德修养，在课程教学中引领学生做社会主义核心价值观的积极传播者和模范践行者。此外，还要采用考核、监督和激励等手段形成课程思政的考核评价和激励机制，落实育人导向。也就是说，应针对财务管理各类专业课程的育人功能和专业课教师的课程思政育人实效进行考核，并制定合理的激励机制。根据实效予以物质和精神激励，从而促使财务管理专业课教师主动研究，提高自身的德育意识和德育水平，让课程思政在财务管理专业的课程教学实践中得以落实。

（2）加强专业课教师课程思政专业素养的培育，提升思政能力

专业课教师的课程思政专业素养对推进课程思政建设具有重要的影响，因此必须努力构建专业课教师课程思政能力提升的长效机制。这就需要建立和健全专业课教师常态化的思想政治理论学习制度，促进思政教学过程的正规化和科学化建设，坚持引进来与走出去相结合。通过自主学习、集中辅导、专家培育等多种方式学习当前思政教育工作的重要理念、精神和政策，尤其是要学习习近平总书记关于高校思想政治工作的重要讲话精神，不断提高专业课教师的思想政治素养和理论水平。

一方面，可以选送一批优秀的专业骨干教师到校外参加课程思政培训和交流，到课程思政理念践行时间比较早、开展效果比较好、实施模式比较成熟的地区的高校进行实地观摩学习和调研，还可以考虑聘请校外符合条件的课程思政方面的专家担任特聘教师，或为高校教师进行专题辅导，从而为专业课程改革提供优质师资。

另一方面，校内要利用入职培训、教学沙龙等机会，结合专业课程教学实际情况，对教师进行课程思政示范公开课或专题教育培训。在教师日常培训体系中完善课程思政内容，不断提高专业课教师的课程思政教学技能，还要深入推进青年教师导师制度，实施一对一的帮扶，强化对教师课程思政意识和能力的培养。

此外，还需建立财务管理专业课程思政教学和科研团队，找到教学科研与课

程思政的契合点，加强对专业教学改革的理论研究与实践探索。

（3）与思政课教师建立伙伴式合作关系，形成德育合力

推进课程思政是一项较为复杂的系统性工程，仅仅依靠专业课教师来推进显然是不够的。因此，整合思政教育各类主体力量，努力打造一支结构合理、优势互补的高校思政队伍就显得尤为迫切。同时，"以生为本"的价值理念使思政教育力量整合具有现实可能性。推进财务管理专业课程思政的关键在专业教师，然而专业课教师往往比较专注于专业学科的理论与实践，缺乏思政理论和实践水平。这就需要与高校其他思想政治力量加强合作。

首先，需要思政课教师参与专业课程思政的整体规划、设计、调整与监管，为专业课教师提供理论支持，解答思政实践层面的疑惑，为专业课程思政建设提供丰富滋养。

其次，专业课教师和思政课专任教师应基于合作伙伴关系，建立互助合作模式，采取定期座谈会、研讨会和项目合作等方式针对课程思政中的教学设计与实施、工作难点与重点进行交流和沟通，在促进课程思政取得实效的同时提升专业课的感染力和实效性。

最后，可以考虑建立"财务管理专业课程思政工作室"。整合思政课教师、专业课教师、学生工作负责人、辅导员、教辅人员、家长、学生组织等多方力量，打造全员协同育人共同体，确保多方思政主体力量相互支撑、良性互动、同向同行、协同育人。

4.加强顶层设计，强化教学组织管理和评价中的价值引领

从新时代人才培养的高度和立德树人的根本任务出发，切实加强高校党委对学校思政工作的领导。对高校课程思政进行总体部署、统筹规划，强化课程思政顶层设计，构建高校课程思政实施的长效机制，是十分必要的。

教务管理部门和院系应共同努力，建立一套能够推进专业课程思政教学改革的完整机制，为其提供制度保障。一是在财务管理专业人才培养方案和教学大纲等重要专业教学文件中引入价值引领的思政因素，塑造学生正确的价值观和职业素养。二是在财务管理专业精品课程、综合课程改革、重点课程，以及教学研究

等项目的遴选和立项标准中设置"德育和价值引领"指标，并将课程思政的实施开展情况作为重要的验收标准。三是在财务管理专业教学课程评价标准（学生评教、院校督导组评课）、教学基本功大赛、微课比赛和"学生最喜爱的老师"等教师荣誉评选中设置"德育效果"的标准。四是根据专业课程思政建设要求，调整专业课程教学评价和监督体系，从专业知识、人文素质、社会责任感和思想道德提升等多维度对课程教学与学生的学习效果进行综合评价，为课程思政的持续深入推进提供保障。

第四节　新闻学专业课程思政

习近平总书记指出，教育要坚持以马克思主义为指导，坚持为人民服务，为中国共产党治国理政服务，为巩固和发展中国特色社会主义服务，为改革开放和社会主义现代化建设服务。新闻学专业课程思政改革创新迫在眉睫，其需要学校、教师、学生共同努力，形成聚合效应。新闻学专业要守土有责、守土尽责，促进专业课程与思政课程加快融合，形成合力，消除"两张皮"现象；打造新闻学专业课程和思政课程两翼齐飞的教学模式，充分发挥新闻学专业教师的主观能动性和创造性。

一、立德育英才，彰显新闻学专业课程思政改革的价值

2021年7月1日，在庆祝中国共产党成立一百周年大会上，习近平总书记指出："未来属于青年，希望寄予青年。"高校学生是实现"两个一百年"奋斗目标的先锋，理应增强做中国人的志气、骨气和底气。高校在发挥人才培养、科学研究、社会服务、文化传承与创新等职能时，不能忽视"明明德"。课程思政是架设

在专业课程与思政课程教学的桥梁，其推进两类课程的互通互融。课程思政的本意是高校在实施专业基础课程或专业拓展课程时，把思政教育的内容融入其中。新闻学专业培养的大多是新闻工作者，其素质与能力直接关系到党的新闻舆论工作成效，因此要增强党性意识，站稳人民立场，奏响新时代中国特色社会主义好、中国共产党好的最强音。

新闻学专业具有天然的思政属性，不同于其他专业，其与思政教育有千丝万缕的联系。新闻专业课程涵盖思政理论和政策法规。新闻工作者要把握时代的脉搏，认识新闻的作用，要看到新闻事业是党和人民的喉舌，担负着反映舆论、引导舆论的重要任务。我党历来有个传统，就是运用报纸、广播、电视等宣传工具，宣传党的路线、方针、政策，教育人民，反映人民的呼声，弘扬正气，动员组织广大群众投身社会主义建设事业。为此，在新闻学专业课程教学中，要努力通过课程思政将思政教育融入教育教学全过程，从"三全育人"的维度构建新闻学专业课程与思政课程相结合的教学体系，从而培养新时代社会主义建设需要的政治合格、知识丰富、能力突出、视野开阔、思想解放的复合型新闻人才。讲好中国故事，传递中国声音，以应对国内国际环境的不断变化，在百年未有之大变局中寻得良机。

二、守好一段渠，明确新闻学专业课程思政的特殊路径

《中国教育现代化 2035》描绘了到 2035 年教育发展宏伟蓝图，其中提出要实现教育现代化，必须遵循八大基本理念，第一条是"更加注重以德为先"。人才培养一定是育人和育才相统一的过程，其中育人是本。育人的根本在立德，新闻学专业的课程思政与政治、社会舆论、意识形态和传播技术的关系特别密切。立德是新闻学专业教学面临的首要任务。这就要求在专业素质课程中巧妙融入思想政治内容，把党的最新理论成果和习近平总书记关于教育的重要论述和重要讲话精神融入每一门课程的理论和实践教学，并发挥新闻学专业课堂教学主渠道作用，牢牢把握新闻学专业教学改革政治方向；利用课程思政培养政治认同，遵循课程

思政教学规律，发挥公共基础教育、专业素质教育、专业拓展教育、实践教育的协同育人效果，逐步探索并构建适合新闻学专业的课程思政功能发挥路径。新闻传播教育课程思政还应当充分利用科技创新和技术优势，创新教育方式和方法，使思政教育和专业教育相融合的教育模式以一种循序渐进的方式，让学生从被动接受到自主学习，让思政教育和专业教育真正入脑入心，最终实现学思结合、知行统一。

（一）夯实新闻学专业课程建设基础

加强新闻学专业课程建设，可以提升新闻学一流学科建设水平，优化人才培养方案，培养高质量的学生。如果没有好的新闻学专业课程建设，就不能充分发挥课程思政功能，新闻学专业的办学定位和培养目标就难以实现。要尊重新闻学专业课程建设规律，按照能力培养的循序渐进的原则优化课程，根据生源结构特点，合理进行课程设置、学时分配，合理安排实践环节，强化专业课程建设在课程思政实施过程中的基础地位。思政教育功能发挥的强弱，直接关系到新闻学专业课程建设的成败，关系着教学质量，关系着课程评价考核体系的效能，也关系着德才兼备的人才培养目标的实现。在基础理论课程中，一定要坚持鲜明的政治导向，把党的大政方针和新闻学专业发展历史及脉络联系起来，掌握新闻事业的基本规律，为进一步熟悉新闻业务、探索新闻理论、研究新闻史和新闻规律打下坚实基础。

（二）突出新闻学专业的育人功能

高等教育肩负着"为党育人""为国育才"的光荣使命，肩负着培养德智体美劳全面发展的社会主义建设者和接班人的重任。新闻学专业开设的所有课程，无论是专业基础课程、专业拓展课程，还是公共基础课程，都要使学生树立马克思主义新闻观，坚持正确的政治立场和方向，都应以"课程思政"的新理念为指南，使知识传授、能力提升、德育功能齐头并进，充分挖掘课程的德育功能；不断优化课程思政建设，培养适应媒介融合的应用型、复合型、创新型新闻传播人才。

（三）加强新闻学专业师资队伍建设

师者的主要职责是传道、授业、解惑，高校教师要重视"解惑"的任务。有的高校学生价值取向发生扭曲，沉迷于对物质利益的追求；有的高校学生把"及时享乐"作为自己的座右铭，变成"三无"学生；有的高校学生缺少社会责任感，成为精致的利己主义者；有的高校学生理想信念模糊；有的高校学生丧失政治信仰，对社会主义初级阶段的理论和共产主义远大理想知之甚少。新闻学专业教师是课程的实施者，是教学实践的主体，因此应该做有理想信念、有道德情操、有扎实学识、有仁爱之心的好教师；不仅要知其然、知其所以然，更要传大道、授伟业、解真惑。针对新闻学专业学生的成长特点，想学生之所想，急学生之所急，盼学生之所盼，把政治性、专业性、艺术性完美结合在一起，增强自己的德育意识，提高自己的德育能力，解决学生的思想问题，寓教于乐、教学相长。

加强新闻学专业师资队伍建设，就需要增强新闻学专业师资队伍的专业性，提高其政治素养和政治辨别力，使其在纷繁复杂的社会变迁中，坚守自己的职业操守和底线，自觉增强在专业课程教学中融入思政教育的积极性和主动性；还需要加强新闻学专业教师培训，利用教学例会、教研室例会、专业培训、专题讲座等，不断丰富思政教育的手段、方法和技能。

（四）形成新闻学专业建设的合力

新闻学专业建设要抓住智媒时代的良机，依托移动互联网、大数据、云计算、人工智能等新技术，把课程思政融入学科发展、专业建设、课程研发、实验实训、师资培养等环节。智媒时代机遇与挑战并存，因此更要重视课程思政在培养新闻工作者的作用。新闻学专业建设要创新人才培养方案，以专业课程与思政课程融合为手段，以校企合作、校地合作为载体，采用订单培养、联合培养等方式，发挥新闻学专业建设的张力和韧性，主动适应人工智能的挑战；寻求数据采集、内容生产、用户选择的最佳结合点。新闻学专业课程思政改革，既要转变教育观念，也要优化教学内容、创新教学方法。

新闻学专业课程思政要深入推进习近平新时代中国特色社会主义思想教育、

马克思主义新闻观教育，以及新闻职业精神和职业道德教育；整合优质教育资源，集聚后发优势，采取错位发展，对标国内"双一流"建设高校的新闻学专业，形成合力，才能培养出政治素养好、道德品质高，具备新闻传播学基础理论及新闻采访写作、编辑、评论等知识；熟悉我国新闻工作的方针、政策和法规，具有熟练的新闻报道、新媒体运营等技能，具备良好的科学文化素养、艺术审美素养；努力成为具有创新、创业意识和能力的全媒体复合型高级应用人才。

（五）监督新闻学专业教学的全过程

高校应采取校党委班子成员、校级教学督导、教学单位负责人与教研室教师听课等形式，不断检验新闻学专业课程思政的实施效果，并建立学校、院系两级教学督导队伍，加强对教育教学全过程（包括课程研发、教材编写等）的监控和督导。

（六）将思政元素融入新闻学专业课程内容

高校对学生进行思政教育的终极目标是落实立德树人的根本任务，实现和完成国家培养人才的目的与任务，以及满足高校学生精神世界的发展需要，其主要包括理想信念教育、爱国主义教育、道德规范教育和全面发展教育。新闻学专业课程具有先天的思政教育优势，因此可以结合社会主义核心价值观教育和党史学习教育，培养学生的价值认同、理论认同和思想认同。新闻学专业课教师可以通过深度挖掘，在已有的思政元素的基础上实现进一步拓展和开发，联系社会热点和典型案例，帮助学生理解新闻从业者的底线和操守。专业教材和课程内容应体现时代性，新闻学专业教师在课堂教学知识传授中应注重对传播热点的主流价值观的引领。新闻学专业课教师必须思想进步、政治过硬、作风优良，重视思政教育的潜移默化作用，避免将思政内容生硬填入新闻学专业课程，不能硬性灌输；要创新教学手段，丰富教学资源，挖掘身边的有效案例，以案说理，把"四史"（中国共产党党史、新中国史、改革开放史、社会主义发展史）教育融入专业课程教学。通过一个个生动的故事、一张张感人的图画、一曲曲美妙的音乐，把道理说清楚、说明白、说透彻，达到良好的教育效果。

（七）用多元评价体系考量新闻学专业课程思政效果

课程考核是教育教学的最后一道工序，也是检验教师教学能力、评价学生学习成绩、考核课程实施效果的有效途径。课程考核评价体系的优劣，取决于多种因素，其中最核心的是评价体系的维度和效能。新闻学专业课程思政评价不仅要分析教学目标、教学重难点、教学手段，还要把师生互动，以及课堂上角色的划分纳入其中，同时学情分析、教学信息反馈、督导组意见、教学基本功展示、创新创业项目培育等都可以作为评价的指标，并以新闻学专业毕业生就业质量分析报告作为终极反馈。

第五章　高校理工科课程思政的探索与实践

第一节　高校理工科课程思政建设的原则和要求

一、高校理工科课程思政建设的具体原则

高校理工科课程思政建设的原则，是指高校和理工科教师在推进理工科课程思政建设的过程中必须遵守的行动准则。除基本的知识性与价值性相结合等基本原则外，还有适度性原则、有机性原则、协同性原则和求实性原则。切实遵循以上四项具体原则对于确保高校理工科课程思政建设的科学、顺利开展具有重要意义。

（一）适度性原则

"度"是保持事物质的稳定性的数量界限，超出"度"的范围，量变就会转化为质变，甚至一种事物就会变成另一种事物。把握好"度"，将事物的变化控制在其所能容纳的量的范围内，防止"过"或"不及"，就是适度性原则。高校理工科课程思政建设要达到"如盐在水"的境界，必须遵循适度性原则。根据教学目标和教学内容的需要，将适度的思政元素融入课程教学，达到润物无声的思政育人效果。具体来说，高校理工科课程思政建设遵循适度性原则主要表现在两个方面：一是思政元素要数量适宜，二是教学方法要循序渐进。

1.思政元素要数量适宜

遵循适度性原则，首先要求思政元素数量适宜，也就是把握好融入专业知识

教育的思政元素的量。高校理工科专业课程蕴含着丰富、独特的思政教育资源，它们与专业契合度高，与学生距离近，运用到课程教学中极易引起学生的情感共鸣，起到价值引领的作用。因此，高校理工科教师要下大力气挖掘专业课中的思政资源，并运用到教学之中。

但是，这并不意味着融入课程教学的思政元素越多越好。一方面，思政元素过多，可能挤占用于专业知识的教学时间，打破专业课程原有的体系和结构，从而影响专业知识的教学效果和学生的学习效果，导致课程教学目标无法实现。而且，思政元素过多也可能引起学生的反感，这样反而无法达到预期的育人效果，课程思政就失去了意义。另一方面，思政元素如果过少，流于形式，就不能深入学生内心，也无法真正起到育人作用。

高校理工科专业教师在进行课程思政设计时一定要把握好思政元素的数量，合理分配专业知识和思政元素占用的时间，避免"跷跷板"效应。另外，课程思政也不是课堂教学的每个环节、每个知识点都要安排思政内容。教师对此要有明确的认识，在课程思政设计时避免这个误区。

2.教学方法要循序渐进

遵循适度性原则，就要坚持循序渐进的教学方法。任何目标都是一步一步达成的，课程思政也是如此。课程思政在对学生进行专业知识教育的同时，培养其道德理念、理想信念和价值观等，从而全面提升学生的综合素质。但是，道德理念、理想信念和价值观的形成是一个循序渐进的过程，无法一蹴而就、立竿见影。学生素质的不同也要求因材施教、循序渐进。同时，考虑到理工科学生对思政教育内容的接受能力和领悟能力相对较弱，理工科教师必须根据学生的实际情况，使用循序渐进的教学方法，由浅入深，有步骤地开展课程思政。

理工科教师只有坚持循序渐进地积累式教学，才能让学生的心理和行为在不知不觉中发生变化，最终达到"积跬步以至千里，积小流以成江海"的育人效果。

（二）有机性原则

有机性原则强调构成事物的各部分相互关联、密不可分、相互制约、协调一致。这样才能保证事物的连贯运行，发挥特定功能。自《高等学校课程思政建设指导纲要》发布以来，课程思政建设便成为高校的一项硬性工作，高校在实践探索过程中也积累了一些经验。但是，课程思政在实际实施中仍存在一些流于形式、落实不到位等问题。专业知识和思政元素脱节就是其中一个比较突出的问题，它割裂了专业知识和思政元素的有机联系，进而影响课程思政的育人效果。这一问题在高校理工科课程思政建设中较为突出。因此，高校理工科课程思政建设必须遵循有机性原则，实现理工科专业知识与思政知识的有机融合、协调统一，最大限度地发挥专业课课程思政的功能。具体来说，高校理工科课程思政建设遵循有机性原则，要遵循以下两点：一是教学实践要防止"标签化"，二是思政元素的内容要契合。

1.教学实践要防止"标签化"

高校理工科课程思政建设遵循有机性原则，其前提是防止"贴标签"的现象，关键在于转变理工科教师在课程思政中"贴标签"的观念。

少数理工科教师对自己的育人职责没有全面深刻的认识，狭隘地认为思政教育只是思政课教师和辅导员的任务，或者认为思政课会挤占专业课上课的时间，影响专业课的授课进度，因此对课程思政理念认同度不高，甚至持排斥态度。他们会在教学计划和教学过程中说几句具有思政教育内容的话，就给自己的课程贴上课程思政的标签。显而易见，"标签化"的课程思政不是真正的课程思政，其没有真正做到专业知识与思政元素的有机结合、协调统一，自然也起不到育人效果。

为从根本上防止课程思政"标签化"情况的发生，高校应对理工科教师多加引导，纠正理工科教师的错误观念，提升理工科教师的课程思政意识，力求从根本上杜绝理工科教师在课程思政中"贴标签"的观念。一是要让理工科教师深刻认识到自己的育人主体责任；二是要使理工科教师明确认识到课程思政建设不仅不会挤占专业课的教学时间，而且是专业课堂的点睛之笔，增加专业课的吸引力。这样才能使其自觉认同课程思政、主动开展课程思政。

2.思政元素要内容契合

教师在纠正了在课程思政中"贴标签"的错误思想之后，首要任务是对具体课程进行系统性的课程思政规划。从某一门具体课程来看，防止课程思政"标签化"的关键是系统化的课程思政思路，即系统化的课程思政教学设计。理工科专业课程具有高度的逻辑性，各个环节都是通过一定逻辑关系连接起来的，因此教学设计可谓牵一发而动全身。有了宏观、系统的教学设计，教学思路便会顺畅，"贴标签"的现象便能得到有效缓解。其中最为重要的是选取的思政元素的内容要契合，其主要是指在内容上思政元素要与专业知识高度契合。

在课程思政中，理想的思政教育是专业知识的自然升华。因此，思政元素要与专业知识高度契合。如果思政元素与专业知识不契合或契合度不高，那就是生拉硬拽式的思政教育，是形式上的课程思政，很容易出现思政元素与专业知识毫无联系的"两张皮"问题，自然也无法实现思政元素与专业知识的有机统一，无法形成完整的课程思政知识体系。思政元素只有在满足内容高度契合的前提下，才能与专业知识有机融合，形成深层次的教学内容。

（三）协同性原则

协同是指协调两个或者两个以上的不同资源或者个体，协同一致地完成某一任务的过程或能力。高校理工科课程思政建设是一项系统工程，其中个体就免不了要通力协作。具体来说，高校理工科课程思政建设遵循协同性原则，不仅同一专业的课程要形成协同，不同专业的课程也要形成协同，专业课与思政课也要形成协同。

1.同一专业的课程要形成协同

一个专业的基础课程和核心课程有多门，这些课程的针对性不同，内容上有特殊性。但这并不代表它们之间毫无联系，事实上，它们的内容存在着一定的共性，这一定的共性就是它们之间的逻辑桥梁。因此，同一专业的课程思政协同就是要根据课程之间的逻辑联系，做好课程与课程的衔接和配合，逐步解决课程之间"各自为政"的问题。这样才能确保各门课程向着一致的育人目标发力，增强专业内课程思政建设的系统性。

2.不同专业的课程要形成协同

不同专业的课程要形成协同，主要是指同一学科大类下的不同专业要形成协同。同一学科大类下往往设置若干专业，这些专业往往有着千丝万缕的联系。以矿业工程一级学科为例，不同高校会结合实际情况开设若干矿业工程相关专业，如勘查技术与工程、采矿工程、矿物加工工程、资源循环科学与工程、环境科学与工程、安全工程等专业。以上这些专业在逻辑上是环环相扣的，其课程设置上也有相通之处。因此，同一学科大类下不同专业间也要形成课程思政协同。为了实现专业内及专业间课程思政协同，教师在教学过程中可以运用知识迁移理论，如在讲述到特定内容或问题时，有意识地将其联系到其他专业及课程的内容，这样有助于学生建立起系统思维。同时，教师要加强交流，共同挖掘育人资源。

不同学科大类的专业也可以通过这样的方式形成课程思政协同。例如，理工类专业与哲学类专业协同便可以提高理工科专业学生的哲学素养，与文学类专业协同便可以提高理工科专业学生的文学素养。

3.专业课与思政课要形成协同

高校理工科课程思政建设要重视专业课与思政课的协同。由于理工科专业课内容的特殊性和理工科教师能力的有限性，理工科课程思政在实施过程中难免会遇到很多难题，阻碍课程思政建设。要想有效地解决这些问题，必须加强专业课与思政课的协同。专业课教师要向思政课教师"取经"，充分发挥专业课的育人功能；思政课教师也要强化思政引领功能，只有"强强联合"，才能全面提升育人效果。

另外，高校理工科课程思政建设不仅仅是一门课程或多门课程协同的责任，而且是一个更大的系统，不同课程的协同也意味着教师之间的协同。另外，课程思政不仅涉及课堂教学环节，还要贯穿于学生学习、科研、实践的全过程。这不仅是理工科教师的事，也是学生、学院领导和学校领导的事。以协同性原则推进理工科课程思政建设，高校必须加强顶层设计，兼顾各个环节和因素，做好整体规划，发挥整体效用。

（四）求实性原则

为克服课程思政的"同质化"倾向，各高校要坚持求实性原则，结合实际凸显特色。这样才能实现课程思政的内涵式发展，从而凸显其独特的育人优势。高校理工科课程思政建设坚持求实性原则，就要立足实际，制定出具有针对性的课程思政方案，最大限度地激发整体育人活力。

1.要结合时代要求与社会实际

坚持求实性原则，首先要结合时代要求和社会实际。时代进步和社会发展的脚步日益加快，各种思潮的范围日益扩大、程度日益加深，给高校理工科学生造成困惑。这就要求理工科教师及时答疑解惑，进行正确而有效的回应。因此，理工科教师必须自觉关注社会动态，积极了解热点问题，同时要主动了解学生的思想和需求，只有这样才能及时发现问题，进而有针对性地解决问题。另外，时代进步和社会发展还催生了许多新理念、新事物；理工科教师要与时俱进，勇于正视、接受这些"新东西"，并根据教学目标和学生实际进行教学方法与教学手段的更新，推动理工科课程思政的常变常新，增强理工科课程思政的时代特色。

2.要结合地域实际与学校实际

坚持求实性原则，还要结合地域实际、学校实际。就结合地域实际而言，地域文化蕴含着丰富的思政教育资源，是课程思政建设的"活教材"。高校可以充分利用其所在省、市的地域文化充实课程思政教学。以山东省为例，高校在进行课程思政建设时可以融入儒家思想、泰山文化、沂蒙精神等具有广泛社会基础和影响的地域文化，推动专业课程与课程思政融合发展，有效推进文化育人。

就结合学校实际而言，课程思政要从挖掘本校独特的思政资源入手。每所高校都有自己的办学特色和优良传统，也不乏历史名人、学术大家、优秀校友。充分挖掘并运用这些资源的思政元素，不仅有利于课程育人的实现，也有利于学生更好地了解学校，增强学生对学校的认同感和归属感。当然，高校也有办学层次之分，有分类、有分级。这就决定了高校课程思政建设不能盲目照抄照搬，而要因校制宜，突出自身的优势和魅力。例如，研究型高校要突出创新精神，应用型高校要突出工匠精神、敬业精神，师范类高校要突出师德精神；反过来，课程思政特色又可以成为高校的办学特色、人才培养特色。

3.要结合院系实际、专业实际、课程实际

坚持求实性原则，要结合院系实际、专业实际、课程实际。首先，不同院系

一般代表着不同学科大类，也代表着不同领域，自然便于形成不同的课程思政特色。各院系要针对自身领域，形成开展课程思政的规范。其次，不同专业的人才培养目标不同：理科专业旨在培养科学家，工科专业旨在培养工程师。科学家要富有科学伦理精神，工程师要富有工程伦理精神，仅这一方面的不同就可以看出理科专业的课程思政和工科专业的课程思政的不同着力点。因此，各专业要结合本专业教育的要求，根据本专业的人才培养目标进行有目的、差异化的课程思政建设。最后，不同课程也要结合教学目标和教学内容探索不同的课程思政建设路径。

二、高校理工科课程思政建设的基本要求

为使理工科课程思政建设取得育人效果，高校和理工科教师在推进理工科课程思政建设的过程中还要遵循一些基本的要求。这些基本要求主要包括契合理工科学生的思维、认知特点，符合理工科专业教育的目标要求，尊重教育教学活动的规律。只有这样，才能提升高校理工科课程思政建设的实效性。

（一）契合理工科学生的思维、认知特点

高校理工科课程思政建设必须以契合理工科学生的思维、认知特点为基本要求，探索出适合理工科学生的课程思政实践路径，真正做到理工科课程思政"以生为本、育教融合"。

1.契合理工科学生的思维特点

高校理工科课程思政建设要契合理工科学生的思维特点。在分析理工科学生的思维特点之前，先要对理工科专业的特点有一个较为清晰的认识。理科在广义上是自然科学、应用科学以及数理逻辑的统称，其研究对象是物质世界的基本规律，即自然现象。理科主要有数学、物理学、生物学、化学、地理学等学科，它们均属于基础科学；工科是应用数学、物理学等基础科学的原理，与生产实践中积累的经验相结合发展而来的，其研究对象是工程技术实践。因此，简单来说，理科研究的是科学，注重理论探究；工科以理科为基础，研究的是技术，注重实

践操作。

无论是理科学生还是工科学生，都要经过长期数理知识的学习和训练，通过学习和训练使他们渐渐形成了理工科思维模式。理工科思维的典型表现是理性，逻辑性强，以科学为工具，以真理为追求。这种思维特点使得理工科学生在遇到问题时习惯使用工具，按部就班地寻找最简洁、最优的解决方案。这种条理分明、逻辑清晰的方式能够迅速抓住问题的关键，具有较高的实用价值。但是理工科思维也很容易使学生受思维定式的束缚，一味追求结果，忽视对问题和现象本身的人文思考。为了契合理工科学生的思维特点，教师在开展课程思政时也要相应地强调逻辑性、科学性、真理性。例如，思政元素的融入要符合逻辑，不能生拉硬拽；思政环节的设计要科学，不能违背规律；思政元素的选择要体现真理价值，不能敷衍了事。

2.契合理工科学生的认知特点

高校理工科课程思政建设要契合理工科学生的认知特点。相对于人文社会科学类专业来说，无论是理科专业还是工科专业，其对于社会现象和思想文化都不够关注。这就导致理工科学生对社会问题相对不敏感，或是缺乏兴趣。同时，相对于理论，他们更倾向于把精力投入专业知识的学习和专业技能的掌握。因此，对于显性的、社会性的思政教育，理工科学生的理解能力和接受能力往往低于人文社会科学学科的学生，会错误地把思政教育"窄化"为政治教育，从而对思政教育产生一定的抵触情绪。容易对思政教育产生认知错误，是理工科学生认知上的一个特点。课程思政理念运用得好，可以有效减少理工科学生对思政教育的错误认识。理工科学生接受专业知识和思政知识也要经过感知、消化、吸收的过程，一次性灌输过多的知识很容易导致他们"消化不良"。特别是隐性的思政知识，更需要有一个较长的消化吸收的时间。这是理工科学生认知上的另一个特点。

围绕课程思政以学生为本、为学生服务的理念。高校理工科课程思政在建设时必须充分考虑理工科学生的思维特点和认知特点，大大增强课程思政的针对性和吸引力，这样才能取得意想不到的课程思政育人效果。针对以上两个特点，理工科课程思政在实施时一定要有新意，少而精。思政元素有新意，是为了解决课程思政内容重复性高、无新鲜感的问题，增强课程思政的吸引力，改变理工科学生对思政教育的刻板印象。思政元素少而精，不会占用专业知识的教学时间，而且符合学生接受新事物的规律，不容易招致学生反感，容易达到良好的育人效果。

（二）符合理工科专业教育的目标要求

高校理工科课程思政建设的目标任务，从根本上来说是立德树人，培养和提高理工科学生的人文素质特别是思想政治素质。具体来说，这一总体目标任务又可以分解成两个部分：一是完成课程教育的目标任务，二是完成思政教育的目标任务。

理工科课程思政兼顾"立德""树人"双重任务，其前提是要正确认识并处理好课程教育和思政教育的关系。在认识层面上，要坚持课程教育和思政教育具有同等重要地位的思想，确保知识传授和价值塑造在课程思政中的统一；同时，要明确课程思政建设的基础是课程体系。如果课程原有的体系被打破，课程思政建设就成了无源之水、无本之木。在实践过程中，要做到以课程教育为重点，适时融入适量的思政教育内容。总的来说，理工科课程思政要正确处理课程教育与思政教育的关系，就要在教学内容设置上做到统筹兼顾、主次分明。思政内容的量要根据教学实际确定，不能喧宾夺主，也不能一再压缩，要确保课程教育和思政教育同向同行而不互相"打扰"。

处理好认识和原则上的问题，随后面临的是实践上的问题。在理工科课程思政实施中，课程教育目标和思政教育目标的实现有着具体的要求。

1.符合课程教育的目标要求

实现课程教育目标，就要尊重理工科课程的教学体系和知识体系。

第一，尊重理工科课程的教学体系。教学体系是由多种基本要素组成的有机整体，它专门服务于课程教育目标的实现，具有针对性和不可复制性。理工科专业课程的教学体系是在长期理论教学和实践教学经验积累的基础上形成的，体现鲜明的课程特色。通常来说其是与课程及教育对象"适配"的，不能随意打破，即使课程思政建设要求对思政教育环节进行适当设计，可以适当调整和创新原有的课程教学体系，但调整和创新必须是合理的、适度的，不能生硬地植入思政课教育体系；否则就会导致整个课程思政体系变成"四不像"。这不仅会影响课程教育目标的实现，也会影响思政教育目标的实现。

第二，尊重理工科课程的知识体系，要实现课程教育目标，还要尊重理工科课程的知识体系，保障知识体系的完整。任何一门课程的知识都是由若干前后衔接、逻辑相连知识组成的有机整体，是课程内涵的系统呈现、具体呈现，理工科课程的知识体系自然也是如此。而且，由于理工科专业逻辑严密，理工科课程更加强调知识的层层递进、紧密相连。对理工科学生来说，如果对某一个知识点理解不透彻、掌握不到位，就会影响后续环节的学习效果，这一点是毋庸置疑的。因此，理工科课程思政建设必须充分保障理工科课程原有知识体系的逻辑性、完整性，这是实现理工科课程教育目标的重中之重。为此，理工科教师在进行课程思政设计时必须严格控制思政环节的时间，保障专业知识的教学时间，否则很容易导致专业知识点讲解不透彻，或者打破知识点之间的逻辑联系，影响学生完整知识结构的构建。

2.符合思政教育的目标要求

要想实现思政教育目标，就要精心挑选思政元素，精心设计思政教学环节。

第一，要精心挑选思政元素。融入课程教学的思政元素必须与理工科课程相适应。简单来说，就是要让理工科课程育人的价值得以回归。科学、真理、求实、创新在一定意义上就是理工科的代名词，因此理工科课程思政教育环节要把培养学生追求科学真理、勇于求实创新的精神作为主要内容和基本方向。理工科教师要根据人才培养目标，有针对性地挖掘思政元素。从大方向上来说，理科培养的是理科人才，因此理科教师要挖掘有助于培养学生科学家精神和科学伦理意识的思政元素。同理，工科培养的是工程师，工科教师要注重挑选与工匠精神和工程伦理有关的思政元素。另外，无论是理科还是工科，都要着重帮助学生树立用科技报国的远大志向，引领学生把个人理想融入祖国发展伟业。理工科教师要以此为基础，提炼思政元素。

第二，要精心设计思政教学环节。理工科教师根据思政教育目标挑选相应的思政元素之后，接下来的一项重要工作就是进行思政教学环节的设计，包括确定思政元素融入的时机、方法、手段等。理工科教师要针对学生的特点，预设整个思政教育过程，事先确定思政元素出场的节点，选择能激发学生兴趣、引发学生思考的教学方法和手段，为学生创设最佳思政教育情境。但是在课程思政的实施过程中，教师要做到有预设而不机械，即教师在教学过程中要根据学生的学习状态和教学进展合理调整教学安排。总之，要尽可能使思政育人效果最大化。

（三）尊重教育教学活动的合力规律

在教育教学过程中，各基本要素都对教育教学效果有着或大或小、或直接或间接的影响。这些基本要素都不是孤立地发挥作用的，而是在各要素相互制约的条件下产生影响的。同时，各要素产生的影响又会相互碰撞、交融、抵消。这就意味着各基本要素都会对教育教学产生一定的力。但教育教学效果并不是各要素之力的简单叠加，而是各要素之力在相互制约条件下的合力。由此可以说明，教育教学效果直接取决于基本要素的合力。课程思政建设需尊重教育教学活动的合力规律，这是课程思政实践的逻辑起点，也是课程思政建设的本质要求。

1.凝聚起多元主体间的合力

从大范围来看，要凝聚起课程之间、教师之间、部门之间的合力。

第一，凝聚课程之间的合力。从广义上来看，理工科课程思政中的"课程"关系到高校整个课程体系，它不仅仅指理工科专业课程，还包括各类面向全体学生的通识类课程。这些课程在育人方向上是基本一致的，但具体的教学目标和教学内容则是有差异的。其中，专业课程因其专业性获得理工科学生的重视，因此在课程育人中具有明显优势。在理工科课程思政建设过程中，既要注重利用不同课程的一致性，也要尊重不同课程的差异性，充分发挥不同课程在育人工作中的内容互补、功能协同的作用，特别是要最大限度地凝聚起专业课程和思政课程之间的合力。

第二，凝聚教师之间的合力。教师在课程思政建设中居于主导地位，发挥引领作用，教师的课程思政能力直接关系到育人成效。通常来说，理工科专业教师的知识结构相对单一、人文素养相对缺乏。在课程思政准备和实施过程中，对思政元素的挖掘可能不够充分，在思政元素的教学呈现上可能较为生硬。这些都是理工科教师课程思政能力相对不足的具体表现。理工科专业教师要想提升课程思政能力，就要加强与思政课教师以及其他课程教师的交流，以交流促学习，以交流促发展。同时，对于特定的教育对象来说，教育主体不只有一个教师。因此，教师之间也必须加强合作，共同育人。

第三，凝聚部门之间的合力。课程思政是一项系统工程，需要系统谋划。理工科课程思政建设也不只是一门课程的事，其离不开本专业、本学院以及高校其他部门的支持与配合。为此，高校要充分整合各部门资源，建立起党委领导、教务总抓、院系落实，有组织、有配合的育人机制，促使各部门畅通协作、凝聚共识、形成育人合力，从而实现全校全方位协同育人的新局面。

2.凝聚起教学过程中的合力

凝聚教学合力，就是要凝聚起课堂教学和实践教学、专业知识和思政知识、传统教学方法和现代教学方法的合力。

第一，凝聚课堂教学和实践教学的合力。这是理工科课程思政区别于其他学科课程思政的一项重点内容。相对于人文社科专业的学生，理工科学生更倾向于在实践操作中获得成就感。针对理工科学生的这一特点，教师要充分做好教学实践环节的课程思政设计，使学生在做中学、在做中悟。同时，教师也要充分发挥课堂教学在课程思政建设中的主渠道作用，使课堂教学和实践教学有机结合、协同发力。

第二，凝聚专业知识和思政知识的合力。专业知识和思政知识是理工科课程思政教学内容的两大组成部分。其中，以专业知识为主，思政知识为辅；专业知识是根，思政知识是魂。凝聚专业知识和思政知识的合力，促进专业教育与思政教育交织交融，是实现教书与育人相互促进、双向提升的本质要求。在课程思政建设中，理工科教师要对思政知识融入专业知识的环节进行科学设计，使二者实现有机结合，从而在不知不觉中加深学生对专业知识的理解，滋养学生的精神世界。

第三，凝聚传统教学方法和现代教学方法的合力。传统教学方法和现代教学方法在教学过程中各有侧重，相辅相成。传统教学方法注重自上而下的知识传授，现代教学方法运用得当则具有激发学生情感共鸣的积极作用。因此，理工科课程思政在实施过程中要继承和发扬传统教学方法，同时引入现代教学方法，谋求传统教学方法和现代教学方法的优化组合,为学生的感知、思考创设最佳情境。

第二节　高校理工科课程思政的开发与实施要领

有学者认为,高校课程思政的短板和难点在于理工科课程,而理工科课程能否很好地落实课程思政理念,在很大程度上关系着高校学生思政教育的成败。因此,落实好全国高校思想政治工作会议精神,需要充分发挥理工科课程的思政功能,形成独具特色的育人方式,实现知识传授和价值引领的统一,早日培养出真正意义上的理工类人才。

一、理工科课程落实课程思政困境分析

理工科课程落实课程思政困境的原因主要有以下几方面:

(一)认识偏差是主因

在人们固有的认识中,高校学生思政教育的第一课堂是思政课,第二课堂是校园文化建设、社团活动等,第三课堂是社会实践、志愿服务等。一些教师认为,专业课程的目的主要是知识与技能的传授,因此将目标直接定位在培养满足企业岗位技能技术水平要求的人才。这一定位人为地割裂了教书与育人的内在联系,专业课程的育人作用被严重弱化,同时也导致很多专业课教师理所当然地认为高校学生思政教育与自己关系不大,而是高校学工部、宣传部、党(团)委等党群部门的主要职责,导致思政教育在一些课程中"失语"、在教材中"失踪"、在论坛上"失声"。

因此,要推进课程思政,首先要端正认识,真正认识到任何课程教学的第一要务都是立德树人,都肩负着德育的责任。立德树人既是所有教育工作者的神圣

使命，也是岗位职责。教师要认识到课程思政的实质是一种创新的教育理念，它既不是指具体的思政课程，也不是要用专业课程的思政元素替代思政课程，而是要通过深入挖掘专业课程的德育内涵和德育因素，提炼蕴含的文化基因和价值范式，将其转化为社会主义核心价值观具体化、生动化的有效教学载体，形成立体化的育人模式，促进高校"三全育人"思政教育体系的形成。教师要认识到课堂教学本身就是育人的过程，既要注重在价值传播中凝聚知识底蕴，又要注重在知识传播中强调价值引领。

（二）课程特性是次因

高校理工类专业课教师之所以对自然科学、工程技术等课程的思政教育功能心存疑虑，主要是因为这类课程不像人文社会科学那样关注的是人类生存和发展的意义、价值追求，而是人类的终极关怀，思想政治导向十分显著和明确。理工科课程是以自然知识为基本对象，反映的是事物的自然规律和运行机理，其具有客观性、通约性和普遍性，自身并无鲜明的意义立场和价值判断。因此，不少理工科专业教师重视实践，轻视人文精神、道德素质的阐发和弘扬。理工科课程可以从中华优秀传统文化中提炼出许多耀眼的科学思想，从当代日新月异的社会发展和科技进步中提炼出许多重大科技成就。可见，理工科课程同样可以在传道、授业、解惑中引人以大道，启人以大智。而且，以专业技能知识为载体的思政教育，其说服力和感染力更强，具有其他教育方式不可替代的优势。

因此，理工科课程不仅要注重逻辑知识的传授，也要重视人文思想的启迪。通过在教育教学的各个环节中渗透专业课程中蕴含的文化基因和价值范式，引导学生对我国科技创新和社会发展中的技术问题进行思考，提高他们对我国科技发展成就的认同感和自豪感，激发他们学好专业技能和投身产业发展与国家建设的热情。让专业课程的教学过程成为传播社会主义核心价值观的有效载体。

（三）思政教育意识薄弱和思政教育能力欠缺

部分理工类专业教师之所以轻视人文精神、道德素质的弘扬，除了认识偏差与学科特性外，还有一个重要因素就是思政教育意识薄弱和思政教育能力欠缺。

其表现有以下几个方面：第一，长期以来，思政课教师、辅导员、班主任与专业课教师在教育教学过程中各自为政，专业课教师往往忽视"育人先育德"这一主题；重智轻德成为一种普遍的现象，即使有的专业课教师具有课程思政的主观意愿，但由于其未能真正理解和把握知识传授与价值引领的内在关系，实施也会不得要领。第二，由于自身忙于教学科研工作，加之课程思政的考核压力较小，所以在思政素养和德育资源方面无力顾及，有所欠缺。第三，近代西方工业文明对我国影响深远，理工科课程的知识结构、技术成果较多体现的是西方文明的发展和科技成就，民族精神和民族意识在课堂教学中被弱化。

因此，高校亟须在制度上构建专业课教师、思政课教师、辅导员与班主任的协同联动育人体系，形成思政课、通识课、专业课三位一体的思政教育课程体系，让专业课教师的思政教育有的放矢。同时，加强专业课教师的思政理论的学习和教育，增强"四个自信"，以"课程门门有思政，教师人人讲育人"为指引，以"润物细无声"为目标，实现教育与教学的有机统一。

二、理工科课程思政资源开发思路

爱因斯坦曾说："光用专业知识教育人是不够的，通过专业教育，他可以成为一种有用的机器，但是不能成为一个和谐发展的人。"虽然理工科课程从表面看学科性较强，实际上隐含着思政教育的很多功能和内容，因为任何一门专业课程的学习都要涉及这个领域的历史和传统。

（一）从学科发展中挖掘奋斗历程，培养科学精神

马克思说过："在科学上面是没有平坦的大路可走的，只有那在崎岖小路上攀登不畏劳苦的人，才有希望到达光辉的顶点。"从学科发展史角度挖掘科学家们不畏艰苦、勇攀高峰的科学精神和追求卓越、不懈奋斗的光荣历程，对于培养当代理工科学生百折不挠的进取精神、顽强拼搏的意志品格、脚踏实地的稳健作风具有重要作用。通过介绍中外科学家，尤其是为中国科技进步作出突出贡献的科学

家的典型事迹、励志故事，不仅可以增强学生的民族自豪感，而且可以让学生了解科学家们曲折的探索历程，认识到科学探索是一个长期、曲折、复杂、艰苦的过程，需要付出辛勤的劳动。例如，在分子生物学的课程中，就可以结合 DNA 双螺旋结构的发现过程，让学生了解人类发现与认识 DNA 双螺旋结构的曲折和不易，这是几代科学家经过不懈努力和无数次失败取得的成果。这些背景知识能激发学生的好奇心，培养学生的学习兴趣，拓展学生的知识面，科学家们那种敢于摸索、勇于标新立异以及永不言弃的科学精神也值得学生学习；对于培养学生不怕挫折、锲而不舍、勇于挑战的科学精神非常有利。

（二）从学科价值中剖析人文情怀，认识科学伦理

迅速发展的科学技术为认识和改造自然、造福人类提供了巨大力量，但同时也增加了人类利用技术危害人类生存的可能性，即科学技术的伦理价值问题日益突出。例如，互联网的发展，在有力地推进经济全球化进程的同时，也带来一系列网络安全问题；核技术的发展为人类带来了清洁能源，但核事故却是人类的噩梦；基因技术的发展，标志着科学的巨大进步。但是，科学技术如果离开了人文情怀，违背了科学伦理，就不是为人类开启"天堂之门"，而是凿通"地狱之道"。理工科专业课教师在教学中以此为切入点，将有助于学生理解科技是一把双刃剑，既可以造福人类，也可以危害人类。人类要想趋利避害，就要增进对科学技术与人文情怀之间的观照与理解。

（三）从学科研究中领悟科学思维，掌握研究方法

理工科反映的是事物的自然规律和运行机理，其自身蕴含着大量的科学思维与研究方法，其中逻辑思维和实验是不可或缺的两种主要方法。对这些思维方法的学习、掌握和运用是学好理工科专业的基本要求。然而，长期的应试教育使学生更热衷于通过背诵公式和结论去解答考试中的题目，忽视了逻辑推理和科学实验。难以在教学中通过适当的方法培养学生的科学思维方式，培养科学创新人才。这是我国高等教育的短板。因此，理工科教师在教学中不但要经常梳理本领域或学科的发展趋势，讲清楚概念及重要理论的来龙去脉、前因后果，让学生树立科

学的学习理念，更要通过实验的方法培养学生的科学思维。例如，在食品分析课程中，除了让学生学会按标准完成实验操作，还要引导学生理解实验过程中各项操作条件的设定理由，分析引起误差甚至是错误操作的原因所在。通过综合实训、小课题研究、高校学生科技创新活动等方法，为学生提供创新实践的机会。通过实验操作激发学生学习兴趣，学生能够切身体会科学求实的研究精神，养成用科学检验真理、探索未知世界的习惯。

（四）从学科实践中总结人生经验、分享事业感受

教师工作的示范性和学生具有的天然的向师性，决定了良好的师生关系会产生强大的价值引领作用，产生"亲其师而信其道"的教育效果。教师的品格意志、道德面貌、情感态度、学识能力和言行举止都会对学生产生潜移默化的影响，具有巨大的教育价值。理工科教师丰富的自然、社会知识和较强的科学研究能力在无形中为自己树立了形象，可以拉近与学生的距离，使学生产生仰慕之情。专业课教师的人生经验，是身处互联网时代的高校学生在面对纷繁复杂的社会问题、人生问题、价值问题而无所适从时的一部生动的教育素材；教师的现身说法，为高校学生"三观"的树立提供正确的引导；教师的事业感受，是教师长期"做人"与"做学问"的经验总结；教师的言谈举止既是一种先进的思政教育方式，也是一部思政教育的鲜活教材。因此，专业课教师要充分利用课堂教学、毕业设计、社会实践、见习等机会，通过自己的专业技术、科研水平、讲台形象、授课艺术、人格魅力等感染学生，以自身的渊博学识赢得学生的尊敬；以自身的大家风范、人格魅力赢得学生的敬仰。只要专业课教师能充分、自觉地运用所拥有的内在和外在的思政教育资源，思政教育的实效就会非常显著。

三、理工科课程思政的实施要领

理工科课程落实课程思政不可能一蹴而就，而是要循序渐进。要遵循思政教育规律、教书育人规律和学生成长规律，坚持教书和育人相统一、言传和身教相

统一、潜心问道和关注社会相统一、学术自由和学术规范相统一，在合适的时间创设有利的教学情境或工作场景，选择恰当的思政元素，让学生在不知不觉中接受知识和观念，达到春风化雨、润物无声的思政效果。

（一）方向正确是根本

高校推进课程思政的根本是坚持正确的政治方向，要始终坚持社会主义办学方向，以马克思主义为指导，全面贯彻党的教育方针，理工科课程当然也不例外。教师应在充分把握理工科课程所要揭示的现象及其实质的基础上，发掘其背后的人文精神、价值关怀、战略定位。自然科学类专业课程，要突出培养学生的科学思维、探索创新精神及职业素养（如协同性、集体性、合作性），注重辩证唯物主义、历史唯物主义的有效渗透，引导学生从家国情怀和国家整体发展的角度来审视与解决问题，关注自然的内在价值，增进人与自然环境和谐共生的意识，明确人类共同发展进步的历史担当。对于工程技术类专业课程，要突出培养学生求真务实、实践创新、精益求精的工匠精神，培养学生踏实严谨、耐心专注、吃苦耐劳、追求卓越的优秀品质，使其成长为心系社会并有时代担当的技术型人才。

（二）"触点"寻找是难点

推进课程思政建设的基础是课程，重点是思政，难点则是寻找专业教育与思政教育的"触点"。首先，不同理工类专业的培养目标有所不同，课程思政的立足点就有所不同，有的注重培养科学精神、探索创新精神，有的注重培养工匠精神；即使同一门课程，在不同专业开设，其思政的"触点"也有所差异。其次，课程的性质不同，课程思政的着力点也有所不同；要根据学科的性质特点，并结合专业培养目标，把握好其所要挖掘拓展的重点。最后，教育对象的差别，在课程思政建设中不能一概而论。如果"触点"没找好，思政教育功能就得不到很好地发挥，导致知识传授、能力培养与价值引领发生冲突甚至割裂。理工类专业是为了培养具有专业知识、技能、品格的专业人才而设立的。因此，理工科课程思政建设的"触点"要坚持学科专业原有的性质不变，以专业教育为载体，形成独特的教学内容体系，发挥专业课程的说服力和感染力，从而达到思政教育的目的。例如，华东理工大学的环境工程专业，在课程思政改革中就以融入绿色理念为"触点"，潜移默化地在学生心中印刻"绿色"，培养创新能力与家国情怀兼具的工程师：在课堂理论教学中让学生意识到，任何一项工程，不论是设计、建造阶段还是实施阶段，都要尊重周围的生命和环境；在实践教学中体现绿色化工生产过程，把创新、协调、绿色、开放、共享的新发展理念极其自然地融入对应的专业课程，实现课程思政在专业学科中"发声"、在教材中"现形"、在论坛上"亮剑"。

（三）学以致用是归宿

课程思政改革效果的评价，必须以学生的获得感为检验标准。理工科课程肩负着培养科技人才的重要使命，关乎国家发展战略乃至国家治理目标的实现。因此，理工科课程思政要与国家的整体发展战略密切关联，要学以致用，让学生在知识运用中增进对社会发展的理解，增强家国情怀，增强社会责任感。

第三节　理科专业类课程思政案例分析

与人文社科课程相比，理科专业类课程由于课程本身的特殊性，在思政教育方面具有一定难度。下文以概率论与数理统计为例，讨论高校理科专业课程思政建设。

概率论与数理统计是一门研究随机现象及其统计规律性的学科。由于现实世界中存在大量的随机现象，概率论与数理统计比其他数学课程更加具有课程思政的优势。

一、充分挖掘课程中的思政教育资源

"概率论与数理统计"是高校经管类和理科类专业的一门重要的基础课。由于人类工作和生活的各个方面都蕴含着大量的随机现象，因此概率论与数理统计同其他数学基础课程（如高等数学、线性代数等）相比更具有课程思政的优势。在教学过程中，教师可以通过介绍国内外与概率论与数理统计有关人物的生平和事迹，让学生感受数学家认真、严谨、献身国家与科学的精神，激发学生的爱国热情，培养学生的家国情怀；通过引入统计软件模拟概率随机的过程，促进学生加深对教学内容的理解，同时进一步培养学生的动手能力和创新应用能力，培养学生严谨务实的科研态度；通过开发设计新的教学案例，尤其是贴近学生学习、生活且与学生所学专业息息相关的新鲜案例，增强学生学习概率论与数理统计的获得感，教给学生正确认识世界和改造世界的方法。

二、积极探索课程思政的有效途径

（一）提升教师的思想道德素养与教育技能

高素质的人才需要高素质的教师。"师者，所以传道受业解惑也。"教师在践行"授业解惑"古训的同时，更应该发挥"传道"作用。教师不仅要做学生学业上的"授业解惑"之人，也要做学生健康成长的指导者和思想引路人，尽好"传道"的责任。因此，课程思政的顺利实施离不开教师自身思政教育能力和教育技能的提升。马克思说："思想根本不能实现什么东西，为了实现思想，就要有使用实践力量的人。"这就要求教师个人充分学习并领会党的各项教育方针，明确并充分理解社会主义核心价值观和辩证唯物主义思想，及时关注社会热点问题，将思政教育"闪光点"和概率论与数理统计课程知识体系有机融合。教研室应在组织教师在教学大纲的基础上，进一步优化课程教学目标设计，明确体现思政元素；发挥集体的力量，集大家之所长，结合课程教学内容，找准德育的切入点和教学方法、载体、途径；更新教学案例，使其更加新颖、更加贴近生活，深入浅出地渗透思政内容，让立德树人润物无声。

（二）开发案例教学中的思政元素

概率论与数理统计是一门理论与实践高度结合、实用性很强的课程，在教学过程中，恰当地引入实际案例，既可以让学生加深对知识内容的理解，也可以引导学生发现案例背后隐藏的独特内涵，突出案例育人价值。例如，概率论与数理统计的全概率公式与贝叶斯公式，是用来求解复杂事件发生概率的两个公式。通过以往的教学反馈，学生普遍反映这两个公式太复杂，不容易记忆，特别是不知道在实际生活中怎样应用。因此，教师在完成对两个概率公式基本内容的讲解后，可以适时地引入案例，引导学生进一步消化吸收知识内容。教师所选的案例应该来自学生生活，这样更容易引起学生共鸣，激发学生积极参与的热情。在学习全概率公式时，加入"全概率公式在敏感性问题中的应用"案例。教师引导学生设计调查方案，让学生思考、探究为什么这样设计调查方案可以让大家愿意说真话，对于调查结果应该怎样用概率与统计方法进行分析。在这个过程中，学生可以真切感受到科学研究的严谨性，有利于培养学生"学数学、用数学"的能力。

（三）结合教学内容发挥思政育人功能

课程思政是一项系统工程。在这一系统工程中，专业课程的思政教育是最为核心、最为关键和最难解决的部分。因此，促进专业课程与思政教育的无缝对接，建好用好"第一课堂"主阵地，提升课堂教学效果，当好学生的引路人非常重要。

在概率论与数理统计的知识传授过程中实现价值引领，需要教师对教学内容进行二次开发，结合历史或时政要点深入挖掘课程涉及的众多概念、原理、公式的思政内容，使专业课发挥思政育人功能。概率论与数理统计是研究随机现象统计规律性的一门科学，而随机现象具有偶然性的一面，也有必然性的一面。偶然性表现在"对随机现象做一次观测，观测结果具有不可预知性"；必然性则表现在"对随机现象进行大量重复观测，观测结果有一定的统计规律性"，这个规律实际上就是大数定律。大数定律在生活中的应用非常广泛，从历史上的"抛硬币"试验，到如今的大数据技术，都体现着大数定律的作用。

课堂是育人的主渠道，每个教师都应挑起思政教育重担，要特别注意理科课程与人文社会科学课程的显著差异，要从各专业课程的知识点深入挖掘与社会实践的契合点，而不是生搬硬套。推进课程思政改革，应该在保持专业课原有的独立性和特点基础上适当融入思政元素，不勉强，不"硬上"，循序渐进，因势利导。在专业课中引入思政教育，教师一定要注意把握好尺度和切入点，因情怀而导，不能引起学生的反感。这样才能与思政课程同向同行，形成协同效应。

第四节　工科实践类课程思政案例分析

当前，在通识课、专业课等课程中实施课程思政，各类课程与思政课同向同行，形成协同效应，是培育和践行社会主义核心价值观、培养担当民族复兴大任的时代新人的客观要求，是践行习近平新时代中国特色社会主义思想的重要途径。现有的研究多从理论建设、教学管理、制度设计等宏观的角度去讨论，工科专业类课程思政尚无范式可循。因此，对工科实践类课程的课程思政的范式研究显得十分重要。

一、工科实践类课程及思政的特点

实践类课程指的是高等教育教学中的实验、实训、实习课程。实践类课程教学是培养应用型高校人才的重要环节，是教学质量保证体系的重要组成部分。实践类课程能够有效地培养学生解决问题的能力、探究精神和综合实践能力，也是提高应用型高校人才培养质量的着力点。就高等教育来说，在坚持把"立德树人"作为中心环节，把思政工作贯穿于教育教学全过程，实现"三全育人"的过程中，需要根据不同课程特点有针对性地进行课程思政。

实践类课程授课要求教师注重引导、指导并亲自示范，通过自身行为影响学生，从而达到教育学生的目的。实践类课程一般是小班授课，学生在一定时间内完成一个实验或一个作品。教师需要从目的、意义、方法、注意事项等方面引导学生，在学生实践过程中及时关注学生的学习进度，对学生出现的操作不规范、违规操作等行为进行纠正。因此，在实践过程中，教师和学生紧密接触，从而使学生在崇尚科学、感受哲学、领悟习近平新时代中国特色社会主义思想等方面体会更深，更容易入脑、入心。

二、工科实践类课程思政的内容范式

（一）马克思主义哲学是实践类课程思政的重要抓手

哲学的世界观和方法论是建立在自然科学和社会科学基础上的。马克思主义哲学的物质观、运动观、规律观、矛盾观、量变与质变观等，都是在对自然科学现象、社会科学现象进行分析之后得出的。在工科实践类课程中挖掘的马克思主义哲学的应用案例是马克思主义哲学在工科实践中应用的典范，也是马克思主义哲学指导工程实践的具体体现。

理论与实践的辩证关系是实践类课程教学中最直接的体现与应用。马克思主义哲学指出，实践是理论的基础，理论来源于实践，科学的理论对实践有指导作用，实践又是检验真理的唯一标准。以电类基础实验为例，无论是电路分析、模拟电路还是数字电路，初期实验都是以实践验证理论为主。这正是运用实践检验真理的过程，从而进一步加深学生对理论课中相应知识的理解。教师设计实验的过程则是在理论指导下的设计（实践）的过程。

运用马克思主义矛盾观能够解决工程实践中的具体问题。在物联网技术实践教学中离不开无线网络技术的应用，在电路系统设计中无线模块传输距离与系统功耗是一对绕不开的矛盾。就某一种无线模块设计而言，在选择了发射天线的前提下，传输距离与电路的发射功率有关，要想提高发射距离就需要增大发射功率，进而造成较大的系统功耗，系统功耗的增大又会造成电池供电时间减少。由此可见，即便在一个系统中，矛盾也是普遍存在的。在实际设计中，要解决传输距离与系统功耗之间的矛盾，就必须考虑系统的核心点，即矛盾的主要方面。如果要求传输距离最大化，就需要通过提高电池的供电能力去解决这对矛盾；如果电池系统的改变受到限制,就只能牺牲传输距离,考虑通过中继的方式增加传输距离。上述解决问题的过程体现了矛盾具有主要方面和次要方面,以及解决问题要善于抓住矛盾的主要方面的哲学观点。

(二)习近平新时代中国特色社会主义思想是课程思政的方向引领

习近平新时代中国特色社会主义思想是全党全国各族人民实现中华民族伟大复兴的行动指南,因此应当加强习近平新时代中国特色社会主义思想在工科实践类课程中的传播,并使其在实践中逐步深化。

第一,在课程实践中践行社会主义核心价值观,坚持社会主义核心价值体系。在学生的亲历和体验中传播社会主义核心价值观,将其融入工科实践类课程教学。工科实践类课程亲历性和体验性的特点能更好地将社会主义核心价值观的传播从"说教"模式转变为"体验"模式,将传播活动真正融入实践教学。要注意把人们所提倡的与人们的日常生活紧密联系起来,在落细、落小、落实上下功夫,要切实把社会主义核心价值观贯穿于社会生活的方方面面。只有将社会主义核心价值观真正融入学生的亲身体验活动之中,才能最大限度地发挥其指导与引领作用,学生才能在内心深处真正接受社会主义核心价值观,进而实现知行合一。

第二,在实践中培养和践行环境保护意识。建设生态文明是中华民族永续发展的千年大计,因此必须树立和践行"绿水青山就是金山银山"的理念。坚持节约资源和保护环境的基本国策,像对待生命一样对待生态环境。要充分挖掘实践类课程中的环保内容并加以传播,进而使每个学生时刻关心环保,并力所能及地去保护环境,如在焊接实践课上,经常有学生把剩余的焊锡随手扔进垃圾桶,指导教师应该以实际行动告诉学生剩余的焊锡可以留下,到下次课程再用,更重要的是这样可以减少生产对环境的污染以及重金属对土壤的污染,以达到保护环境的目的。在化学类实验课中,教师要求学生按规程对实验废弃物进行无害化处理,使其形成环境保护的观念。

总之,教师在教学过程中要充分挖掘实践类课程所蕴含的习近平新时代中国特色社会主义思想,并把其作为课程思政的方向引领,让学生在实践中体验、感受习近平新时代中国特色社会主义思想的，并用其武装头脑、指导实践、推动工作。

（三）工匠精神是工科实践类课程思政的着力点

党的十九大报告中提出："建设知识型、技能型、创新型劳动者大军，弘扬劳模精神和工匠精神，营造劳动光荣的社会风尚和精益求精的敬业风气。"工匠精神包含两个层面的意义：第一层是狭义的工匠精神。这里的"工匠"指的是我国当前需要大力培养的工匠型、技能型人才，他们能够在具体的生产和质量控制领域做出精品。第二层是广义的工匠精神，其指的是从业者匠心独运、精益求精、追求卓越，它既是一种职业精神，又是职业道德、职业能力、职业品质的体现，同时是从业者的一种职业价值取向和行为表现。因此，工匠精神的培养不仅要面向职业教育或者行业从业者，也应该是一种普适的教育。

高校实践类课程是学生接触工程问题和工程实践的第一课，应以解决问题为中心，为学生创设有意义的实践性学习过程与环境。因此，要在实践中培养学生严谨的工作态度、精益求精的品质精神、追求卓越的创新精神。例如，在机械加工实训课程中，指导教师用娴熟的操作示范引领学生，用标准的操作规范要求学生，用严格的产品质量标准评价学生，从而实现工匠精神的内化。

（四）工程伦理是实践类课程思政的价值依托

随着现代工程技术的快速发展，工程决策与实践中的伦理冲突不断显现，如医学上的"换头术"所产生的生命伦理问题。所谓工程伦理，通常包含工程项目内在的伦理和工程师的职业伦理。实践类课程是培养学生工程能力的第一课和必要环节，培养具有伦理意识的现代工程师，即以造福人类和可持续发展为理念的工程师，才能在面对道德困境时作出正确的判断和选择。

工程伦理教育的主要内涵是工程价值的塑造。英国科学家约翰·戴斯蒙·贝尔纳在 1939 年出版的《科学的社会功能》一书中指出，科学既能为人类造福，也能为人类带来破坏和危机。自然科学最终要学以致用，运用到什么地方，如何运用，掌握在什么人手中，这就是一个十分显著的伦理问题，这一问题的关键在于掌握科学技术的人是否具有正确的专业伦理。在工科实践领域，实践类课程不仅要培养学生的工具理性，更要培养其价值理性，通过工程伦理教育，塑造学生"关爱生命、关爱自然、尊重公平正义"的可持续发展观念，同时让学生认识到履行社会责任从长期看就是创造价值，从而实现科技发展与人文精神的平衡。例如，在工程造价类实践课程中，教师可以结合实际的质量问题事件的案例，就案例中暴露出设计、施工、监理等各个环节的工程人员对生命的不尊重进行讲解。

三、工科实践类课程思政实践要点

首先，工科实践类课程思政不仅要求教师充分结合社会主义核心价值观，将其融入教学工作，更要求教师重视课程思政的教学艺术，充分挖掘实践类课程中的思政元素，将其融入日常教学，增强课程思政的亲和力和说服力，使得实践类课程在保持自身课程知识特点的基础上，能够与思政课始终保持同向同行。

其次，提升人文环境的塑造力。优秀的科研、工程人员的培养，不仅包括科学知识、实践技能的培养，还包括职业兴趣、态度等的养成，后者是一个潜移默化的过程。学生职业态度的熏陶、操作技能的训练、人文情怀的养成，除个人的主观因素外，还需要在实践场所受到潜移默化的影响。目前，国内地方应用型高校实践场所提供了丰富可靠的实验设施，建立了各种规章制度，如实验室（实训车间）管理制度、仪器设备管理办法、低值易耗品管理办法等。这些规章制度规范并约束了学生的行为，培养其基本的操作规范；但是在人文环境建设方面略有欠缺。因此，应充分结合各学科优势，将德育、匠心引领、科技创新等以不同形式展示出来。例如，可以通过漫画的形式反映浪费资源、污染环境的后果，给学生以警示，向学生传递环保的理念。在培养学生工匠精神时，可以结合日本木工大师秋山利辉提出的"匠人须知 30 条"和"十则挨骂哲学"，通过漫画或图片并配合文字的形式将其展现出来，也可以设置宣传屏幕，以视频形式播放出来。

最后，以实现社会价值激活课程思政的灵魂。教育的根本任务是培养社会主义的建设者和接班人。利用所学专业知识服务社会，既可以体现自我价值，又可以提升专业技能和素养。例如，在电子实践课程结束后，教师可以组织学生组成电子产品维修服务队，为学校其他专业的学生以及社区居民提供电子产品维修服务，帮助同学和居民修理坏掉的 U 盘、台灯以及热水壶等产品，让参与的学生认识到掌握科学知识能够为人类造福，从而形成服务社会的历史责任感和使命感，树立正确的人生观、价值观，实现"知行合一"的教学目标。

第六章　高校思政课程开发

第一节　高校思政课程开发概述

一、高校思政课程开发的有关概念

（一）课程开发的内涵

"课程开发"一词最早出现在卡斯威尔和坎贝尔于 1935 年出版的《课程开发》一书。"课程开发"的概念的首次提出是在 1974 年于东京举办的"课程开发国际研讨会"上。在此次研讨会上明确提出了课程开发是表示课程的编订、实施、校验，以及改进后再编订、实施、校验的循环操作的过程。课程开发与课程改造、课程改革等概念类似，这也是目前国际上比较认同的观点。通过对概念的解读，可以看出课程开发并不是一成不变的，它随着科学技术的进步与社会的发展而发展，并且通过实践的检验不断地对已有的课程进行改进和完善。

在学校层面，课程开发是学校通过教育计划，也就是课程的实施与评价，来改进课程功能的一系列活动的总称。课程开发的范畴较课程编制、课程设计更加广阔。课程开发涵盖了课程开发主体、课程目标的确定、课程内容的选取、教学思路的设计、课程教学活动的展开、课程评价的反馈等要素。

高校思政课程开发的内涵是高校思政课教师根据思政课教学目标整合课程资源，坚持科学的教学方法，并根据高校思政课教学评价不断优化高校思政课程的教学实践。高校思政的课程开发，就是紧密围绕思政课的主体、思政课程资源、思政课教学方法和思政课教学评价四个维度展开。高校思政课程开发,不是一次性就可以完成的工作,而是一个根据实践检验的结果不断优化、更新其结构要素,以取得最佳课程开发效果的动态过程。它需要不断地根据课堂效果的反馈、学生的意见和建议、学科的前沿动态等来反复审查课程开发的各个要素。

(二)高校思政课程开发的结构维度

高校思政课程开发具有一定的结构维度,同时课程开发也是结构维度中各个要素组织运行的过程。课程开发与高校思政课程开发是一般和特殊、共性与个性之间的关系。

高校思政课程开发的主体应当包括教师和学生两个部分。课程开发并不是一项简单的纯技术性的工作,它还需要课程开发者具备系统、科学、完善的知识结构,能够结合教学实践中的经验使课程开发后的教学过程得以顺利开展。位于教学一线的教师能更好地承担课程开发的职责,同时学生作为知识的接受者,其学习主动性的强弱,直接决定了学习效果的好坏。学生参与课程开发,有利于任课教师结合学生的实际需求,科学设计教学方案,在培养学生独立思考、自主学习能力的同时,极大地提高了学生的学习效率。

教师和学生作为课程开发的主体,对课程开发的成效具有举足轻重的作用。因此,以学生的意愿和兴趣为依托,建立教师主体与学生主体之间的关系显得尤为重要。传统的师生关系是单向的,即教师在课堂中传授知识,而学生做好课前预习、课上记录和课后的复习工作。教师无法从单向关系中获得教学反馈,学生也难以根据自己的接受程度来为教师教学进度的调整提供参考建议。作为课程开发的主体,师生关系是双向的。一方面,教师吸取学生关于课程意见和看法,了解并掌握学生的学习兴趣、接受程度、倾向和喜爱的教学方法与教学模式,从而选择合适的教学方法和课程安排。通过"互动式课堂"主动解答学生的疑惑,帮助学生掌握知识,理性和透彻地分析社会形势,避免课程教学形式化和课程学习的盲目化;另一方面,学生可对教师提出自己的期待和要求,根据自己的兴趣,建议教师在重难点问题上进行更深入的讲解,或者采用案例教学法、讨论法来提高思政课课堂的活跃性。学有余力的同学还可以自主安排学习进度，对自己感兴趣的内容进行更深入的学习和探讨。明确教师和学生作为高校思政课程开发主体的地位，建立平等合作、共同学习、相互促进的师生关系，是达到良好的思政课程开发效果的前提，也是提高思政课实效性的必由之路。

课程是人才培养的建设蓝图和教学活动的实施规划，而任何课程的设置都是以一定的课程资源的整合为前提的。开发课程资源并对其进行利用，是时代的要求，也是教育教学健全完善的前提条件。高校思政课的课程资源是指在高校思政课的各个环节，如课程设计、教学过程、教学评价等教学的整个过程中，可以为高校思政课教学活动服务，以实现预期教学目标，达到教学效果的人力、物力，以及自然资源的综合。按照课程资源的承载方式，高校思政课程资源大体可以分为三类：教材、教辅、教程等素材性课程资源，依赖于实践基地的实践教学课程资源，以及网络平台的课程资源等。

高校思政课对课程资源进行开发有助于将多元化的学习渠道提供给学生。网络时代信息极为丰富、信息传播极为迅速，在这种情况下，教师并不一定是掌握信息最多和最快的人，教师也不再是学生获得知识的唯一来源，不再是课堂唯一的权威。高校思政课程资源开发需要授课教师在吃透教材、把握教材精髓的基础上，多方面、多渠道地挖掘有利于实现教学目标和完善教学过程的课程资源。

同时，高校思政课对实践教学资源的挖掘有助于教师角色的转变。教师走出课堂，组织实践教学；学生自主开展学习活动，教师再也不是学生眼中站在三尺讲台上的"教书匠"。高校思政课实践教学打破了学生以往认知中教师照本宣科的印象。教师在社会实践活动中见证学生动手动脑能力培养的过程，在学生亲身参与的过程中，师生共同分享彼此的知识、智慧、价值、态度和体验。教师成为学生学习过程的引路人、参与者和分享者。

高校思政课的课程开发过程中，课程教学方法是其中重要的组成部分。对高校思政课教学方法进行研究和探讨，不仅有利于教学目标的实现和教学任务的完成，而且能够调动学生学习思政课的积极性，提高课程开发的实效性，并将高校思政课打造成具有教学说服力和吸引力的课程。因此，对课程开发中教学方法这一维度的认识和理解，关乎高校思政课程开发的实际效果和教学质量。教学方法主要是指在某种教学观念的指导下，教师为了最实现终教学目标和完成教学任务而采取的策略。一般的教学方法与高校思政课教学方法是一般和特殊、共性和个性的关系。高校思政课教学方法除了具备教学方法的基本内涵，还需要结合高校思政课的课程性质、课程目标，以及课程内容设置等相关要素，来加以运用和实施。因此，可以总结和归纳出高校思政课教学方法的内涵，就是教师在围绕高校思政课的课程性质和课程内容、设置科学的教学目标并加以实现的过程中所采取的教学策略的总称。

高校思政课由于其课程性质的特殊性，决定了高校思政课教学方法需要知行统一，学生将所学的知识理论指导生活实践。与此同时，高校思政课教学方法以教学目标的实现为最终目的，将高校学生培养成为在德、智、体、美、劳等各个方面综合发展的社会主义建设者和接班人，为社会主义现代化建设输送优秀人才。

高校思政课教学评价是高校思政课程开发过程中必不可少的环节。对高校思政课开展教学评价，是促进高校思政课程开发、提升其教学质量和教学效果的重要举措。高校思政课作为思政教育的主渠道，其教学过程、教学活动，以及教学评价有着区别于一般课程的特殊性。高校思政课要向学生系统地讲授马克思主义关于自然界、人类社会和人的思维发展的理论知识。因此，高校思政课教学评价，除通过一定的方式评价学生的知识水平，更要评价高校思政教育教学是否满足了高校学生思想道德发展要求、是否帮助高校学生选择和坚持了正确的政治方向和价值判断、价值选择，是否教会高校学生遵循自然社会和人类社会的发展规律，从而实现自身的全面发展。

高校思政课教学评价的是课程教学构成要素的实施过程和实施效果。高校思政课教学的构成要素主要包括教育者、受教育者、教学目标、教学方法、教学条件等。对这些教学构成要素进行科学评价，关系到高校教学活动的顺利开展和教学目标的有效实现。高校思政课教学评价具体有以下几个方面：

一是对教育者的评价。根据有关部门对高校思政课教师的定位和要求，结合当前高校思政课的发展实际，合格的高校思政课教师需要具备以下素质：坚定的马克思主义信仰、正确的政治方向、扎实的理论基础、深厚的知识素养、具有高度的责任感和强烈的责任心。高校思政课教师，应该为人师表、以身作则，用马克思主义科学理论来回应学生对当前社会某些现象的质疑。对高校思政课教师的评价，不能仅仅局限于对教师个人的评价，而是应该着眼于整个高校思政课教师队伍的整体素质和状况，深入、科学地进行综合评价。综合评价应当包括高校思政课教师队伍的科研能力、学术成果、教学水平，以及学历结构是否合理，有无优化调整的空间，是否建成了德才兼备、年龄结构合理、极具发展潜力的高校思政课教师队伍等。

二是对受教育者的评价。通过考查学生是否将高校思政课教学中习得的知识理论内化为道德要求并外化为自己的行为，分析探讨课程教学目标的实现状况，从而对课程效果进行科学的评价。这不仅需要对高校学生的政治价值观、经济价值观、道德价值观等指标进行评价，而且需要对学生整体的思政情况予以评价；关注高校思政课引发学生思想和行为产生积极变化的人数、比例等，来了解高校思政课实效性是否对学生的思想道德水平和综合能力产生积极正确的引导与影响。只有重视对高校思政课的受教育者进行评价，才能更加全面、科学、完整地对课程的整体教学状况进行评价，从而不断地优化改进课程内容。

三是对教学目标的评价。对高校思政课教学目标的评价，主要是侧重于评价当前高校的思政课的教学目标设置是否科学、有无顺应学生的实际状况，满足学生的发展需要。因此，进行高校思政课教学评价，不仅需要着眼于学生思想素质有无发生积极向上的变化，而且需要从宏观、长远的角度对教学目标进行评价，使教学目标的设置适应和满足社会的发展要求和客观实际，适应社会精神文明建设的发展需要。

四是对教学过程和教学效果的评价。高校思政课教学过程主要包括制定教学方案、选择教学内容、使用教学方法和确立考评方式等。教学过程是否科学合理，是否影响高校思政课教学效果和教学质量。因此，高校思政课教学评价离不开对其教学过程和教学效果进行的综合科学的评价。高校思政课程开发力争改变传统思政课教学中，教师一味地强调自己的"教"，而忽视学生的"学"。教师通过高校思政课教学评价的反馈，调整和改进自己的教学方法，注重学生主体性的发挥与学生的课堂参与，提高高校思政课的吸引力和实效性。

二、思政课程开发的功能审视

习近平总书记在《思政课是落实立德树人根本任务的关键课程》一文中强调，办好思政课，要放在世界百年未有之大变局、党和国家事业发展全局中来看待，要从坚持和发展中国特色社会主义、建设社会主义现代化强国、实现中华民族伟大复兴的高度来对待。因此，推动思政课程的开发是贯彻落实党和国家对思政课建设要求的遵循。

（一）推动教材体系向教学体系转化的有效实现

当前，高校思政课程开发中的教材体系向教学体系转化的矛盾主要集中在两个方面：一是认知上存在偏差，部分思政课教师错误地将教学体系等同于教材体系。在课堂教学中，不少教师存在"照本宣科"的现象，学生认为思政课呆板、无聊，毫无吸引力和感染力。二是部分高校思政课教师的理论功底薄弱，知识储备不够，教学实践的经验有限，对教材知识体系和知识脉络的领悟力不足。这导致高校思政课实效性不高，教学效果不佳，教材体系向教学体系的转化进展缓慢。

在高校思政课教学内容方面，当前高校思政课教学实践的主要场所仍然在教室内，实践教学开展较少，甚至没有。学生主要学习的是理论知识，难以将理论与实践相结合，难以融会贯通和实际运用。在高校学生马克思主义信仰教育方面，目前主要是通过高校思政课的课堂，来渗透信仰教育。然而，由于教师个人对知识的理解程度不够和教学技巧的不足，加上教育的内容相对枯燥、空泛，部分高校学生学习思政课的积极性不高，甚至存在一定的排斥心理。此外，思政教育的社会大环境比较复杂，不少社会负面现象的出现，导致部分高校学生认为教师所讲的内容、教材所写的理论与社会实际情况不符。这种现象的出现说明当前高校学生思政教育仍然以课堂的知识传授和政策宣讲为主，结合实际案例进行教学较少，思政教育的效果难以得到保证。

　　高校思政课程开发以教师和学生为开发主体，教师的教学兼顾学生主体性的发挥，教师需要充分挖掘并整合课程资源，在"吃透"教材、掌握教材精髓的同时，了解教材体系和教学体系的内涵和区别。教师不仅要在思想上认识到教材体系向教学体系转变的重要性和必要性，而且在教学设计和教学过程中加强教学体系的建设，开发实践教学资源，转变重知识理论讲解、轻实践能力培养的思政课的方式。教师在授课的过程中，列举贴近学生、贴近生活、贴近实际的案例，辅助对教材的讲解，可以使抽象的理论变得生动形象，从而提升学生学习思政课的积极性和主动性。同时，高校思政课程开发需要着力加强思政课教师队伍建设，选拔一批具备坚定的马克思主义信仰、优良的道德素质、扎实的马克思主义理论素养和多元的知识结构的思政课教师；提升教师的专业能力，完善教师的自身素质，提高教师的科研能力和教学水平，加快推动知识理论、政策宣讲向思政教育的转化，提升高校思政课的实效性。

（二）实现教学模式创新

　　传统的高校思政课教学模式，将教师视为课堂的中心。教师通过"教材+板书"的教学形式，将教材中的知识理论传授给学生；学生则以听讲为主要形式，被动地接受教育。在这种教学模式中，教师组织开展教学内容，传授知识理论，掌握教学资源，将自己作为课堂的权威。在这种教学模式中，高校思政课教师是知识理论的传授者、灌输者；学生成为知识的被动接受者，成为接受理论的"器皿"。此外，传统高校思政课的教学模式单一，主要以知识理论的解释和传授为主，教学资源比较匮乏，主要借助教材，并没有根据学生专业特点和主体性，灵活地因时、因地、因人地调整教学内容，而且传统的教学模式以学生知识掌握程度的量化指标作为考核学生学习效果的标准；重知识理论的传授、轻实践能力的培养。

　　高校思政课程开发需要教师转变教学观念。教师是课程开发的主体之一，负责整个教学活动。教师运用教学手段和教学方法攻破教学重点、突破教学难点。教师要意识到学生也是课程开发的主体，是课堂的重要参与者；教学活动的展开和进行，要以学生的全面发展为最终目的，不能仅仅停留在学生知识理论的掌握情况的层面上。高校思政课教师应有计划、有组织、有目的地充分运用实践教学基地，组织学生开展实践教学活动；通过创设实践教学的相关情境，调动学生参与社会实践活动的积极性，在培养学生实践能力的同时，提高学生将理论运用到日常生活中的能力及增强学生的社会责任感。

高校思政课教师在课程开发时，除需要加强实践教学活动外，还需要充分借助多媒体教学手段，选取贴近学生生活实际的教学案例，充分利用视频、微电影等多种媒体形式。一方面，可以通过案例，帮助学生理解枯燥、晦涩的理论知识；另一方面，可以提升课堂教学的趣味性，确保思政课教学目标的实现和教学效果的达成。

（三）与其他的教育课程形成完美的衔接

高校思政课作为高校学生思政教育的主渠道和主阵地，与高校学生思政教育的其他子系统相比较，虽然展开的方式和途径有所差异，但是内容上有契合之处。高校思政课是由学校组织教师，通过课堂教学和实践教学来对高校学生进行系统的思政教育活动；高校学生思政教育的其他子系统主要是家庭、社会，将思政教育的观念和内容渗透到学生日常生活的方方面面。家庭层面和社会层面的思政教育，与高校思政课等学校层面的思政教育相比，其系统性、科学性和专业性程度较低，但是家庭层面和社会层面的思政教育注重日常的积累和潜移默化的影响；相比于课堂上的理论学习，家庭层面和社会层面的思政教育更具有影响力和持久性。因此，家庭层面与社会层面的思政教育可以与学校层面的思政课形成互补。高校思政课程开发的教学资源，可以成为家庭和社会教育的有效知识来源和理论支持；高校思政课程开发的教学方法可以为家庭和社会的思政教育提供指导，家庭和社会的思政教育又反过来为课堂思政教育提供了案例。

因此，高校思政课的课程开发，需要将家庭思政教育和社会思政教育视作密不可分的整体，从而形成思政教育课堂和高校学生思政教育的其他子系统的有效衔接。

第二节　高校思政课程开发的现状

一、当前高校思政课程开发存在的问题

（一）课程资源开发存在不足

课程资源是高校思政课的重要基石，是一切教学活动的基础。如果缺乏课程资源的有效开发，高校思政课将成为无本之木、无源之水。

1.素材性课程资源开发覆盖面狭窄

素材性课程资源是指"教学的素材或直接来源，是学生学习、获取或内化的对象，如知识、技能、原理、经验、问题、活动方式或方法、价值观等"。高校思政课的课堂效果很大程度上与素材性课程资源的开发利用程度有关。如果思政课堂没有素材性课程资源的支持，将成为无源之水、无本之木。因而，研究和探讨素材性课程资源的开发和充分利用对更好地实现课程开发，以及提升高校思政课程教学效果极为必要。

高校思政课最常利用的素材性课程资源就是教材。思政教材是由专家学者统一组织编写而成的，具有极高的科学性。然而，高校思政课具有区别于一般课程的特殊性，其知识的理论性强，实效性高，并且课程的对象是不同专业的学生，因此素材性课程资源不能仅局限于教材。这对教师挖掘和利用素材性课程资源的能力提出了更高的要求。

2.实践教学资源不完善

高校思政课的实践教学资源属于课程资源的一部分。从形式上看，关于高校思政课实践教学的概念有广义和狭义之分。广义上来说，高校思政课实践教学既包括课堂师生互动、组织学生讨论等立足于教室的课内传统的教学活动，也包括社会实践、志愿服务等学生走出教室、室外的课外实践活动；狭义上来说，高校

思政课实践教学特指课外实践活动，即教师引导、鼓励学生走出教室、走出课堂、走入社会；在实践生活体验中，以社会调查、参观学习、教育实习、志愿者行动等方式来学习掌握理论知识，提高学生融入社会、了解自我的能力和社会责任感，并提高学生运用所学到的知识，认识、分析学习和生活中所遇到的问题的能力。

实践教学资源也分为广义和狭义两个层面。这里探讨的实践教学资源主要是狭义层面，即走出教室这种传统课堂之外的课外实践教学资源。这种实践教学资源与课程知识紧密关联，是由教师指导、以学生为主体展开的与教学相关的一系列活动。学生在实践活动中，学习并领悟理论要点、掌握实际技能，使自身能力得到提高，从而更深入地理解和认识社会。不同维度的实践教育使学生能由内而外得到提升。实践教学资源的开发和利用的程度与水平直接影响着高校思政教学实效性。

当前，高校思政课的实践教学资源体系不完善，实践教学基地比较缺乏，可供学生实践调研学习的场所十分有限，导致实践教学的形式较为单一。其主要是以学生参加一项社会实践，撰写一篇调研报告或是心得体会的形式展开，未能充分发挥学生的主体性。同时，与之配套的相关实践教学体系并不完善，师生的安全无法得到保障，因此教师组织、学生参与的积极性都不高。实践资源的不完善及其引发的实践教学形式单一的问题，学生在参与实践教学的过程中，对自然、社会，对自我、他人的整体认识和理解能力、实践创新能力均无法实质性地提高；对学生合作能力、团队意识的培养也极为有限，实践教学资源利用效率较低，实践教学成效较低。

3.网络教学资源匮乏

当前高校思政课除了课堂层面的理论教学，户外的实践教学，还有在互联网技术高速发展背景下的高校思政课网络平台的教学。网络思政课程可以补充课堂教学与实践教学的不足，缓解课堂教学课程资源相对匮乏的问题。

丰富的网络资源、多元的教学组织形式，使网络教学平台能够传授理论知识，学生可以足不出户、灵活地进行学习，能够将理论与实践结合起来。这种形式打破了高校思政课师生面对面的传统授课方式，教师可以充分发挥网络平台的即时性、交互性、可重复性和拓展性来进行授课；学生也可以选择在自己的空闲时间，在网络上随时学习，遇到困惑或者是不懂的问题可以单独向教师请教。此外，学生之间也可针对在学习过程中遇到的感兴趣的话题进行交流讨论、各抒己见，共同进步与成长。同时，网络平台可以不受课堂篇幅限制，可将课堂无法展现的教学内容在互联网上展现，并且学生可以回顾教师讲授的内容，巩固知识。

然而，当前高校思政课的网络教学平台发展得并不尽如人意。网络教学平台呈现的内容，普遍是网络教学平台是课堂教学的"复制版"，重理论教学内容，轻方法手段。此外，当前高校思政课网络平台，教学资源和形式单一，网络教学资源的整合目标不明确，缺乏科学性。其多表现为两种形式：一是资料盲目堆积，没有按照一定的标准分类，仅是内容的罗列，学生需要耗费大量的时间和精力去筛选和甄别对自己有用的信息，不利于学生便捷地查找；二是资源陈旧，更新不及时，一些思政课网络平台上的学习资料陈旧，资料的时效性不高，与现实的联系并不紧密。有学者指出，当前许多网络资源已经过时，不再具有教育意义。但教学平台并不能做到实时更新，而是存在大量过时的资料。这些资源对学生的吸引力有限。

各学校的思政课网络平台一般都具有课程简介、教学大纲、音频、视频资料在内的课件、练习题及测试题、拓展阅读资料等基本项目。显然，这种布局和思路是根据教师授课的流程来进行的，并没有按照学生的兴趣和意愿来进行设置，不能吸引学生使用网络教学资源来进行自主学习。并且，教师对学生网上学习的全过程缺乏了解，缺乏有效的管理，无法及时地跟踪其学习情况并予以有针对性的指导。同时，思政课网络资源的开发力度不够，资源的共享程度不高，师生之间缺乏互动，学生存在的问题和困惑，教师不能及时地进行解答。

（二）忽视了学生主体性的发挥

高校学生既是高校思政课学习的主体，也是思政课程开发的主体，因此思政课的课程开发不能忽视当代高校学生的时代特征。高校学生纳入思政课程开发的过程，也是发挥学生主体性的过程。

如今，很多高校思政课教师在授课之前，并没有关心和关注学生对思政课教学方法、教学模式的期待，而是按照自己的教学模式进行讲授。教师主讲的教学方法依旧是高校思政课上最常见的教学方法。同时，高校教学研究团队在进行教学讨论和教学设计的时候，也以教师的意见和看法为主，缺乏对学生意见的整理和吸收。学生对自己学习课程的教学方案一无所知，难以对自己的学习计划进行规划和调整。另外，当学生存在学习上的困难时，也无法与教师沟通，教师不能有针对性地修改教学计划。这种情况则造成了学生难以适应教师的教学节奏。学生往往一个问题听不懂，导致之后的学习脱节，最终对学习失去兴趣。

学生是教学的主要对象，教师在教学时，就需要知道学生想学习什么，对哪些内容已经有了较充分的了解，对内容的理解还存在什么问题或者遗漏；教师并结合教学大纲，有针对性地制定和调整教学方案和教学计划。高校思政课教师可以将自己的教学大纲展示出来，与学生共同探讨教学内容，甚至也可以吸收学生代表参与教研组的研讨，听取学生的意见和建议。显然，当前高校思政课堂中，对学生意见的吸取和与学生共同开展的教学设计还远远不够。

当前学生在思政课堂的活跃度和参与度都不高，主要是因为在高校思政课堂中，师生之间缺乏有效的教学互动。学生无法参与教学过程，针对教师讲授过程中运用到的案例甚至教学过程中存在的问题，不能发表自己的观点。师生交流不够，思政课堂成为教师一个人的舞台。

课堂应当是教师和学生双方的舞台，同时也是教师与学生共同成长的空间。发挥学生的主体性，就是要使学生充分融入课堂学习的氛围，充分调动学生的学习主动性，引导他们积极思考、主动思考、自主学习。这与课堂的教学互动密不可分。教学的互动需要依托一定的载体，如案例分析、话题讨论等。

贴近生活的案例和时事热点应选取学生身边的事。教师选用这些作为讲授理论知识的教学素材，容易引发学生的共鸣和关注。从学生生活的身边事情入手，学生有话可说，教学互动也就顺理成章。通过选择合适的案例，组织恰当的讨论和互动，极大地改善高校思政课堂上的教学互动情况，提高学生课堂的参与度和对课程的满意程度。

高校思政课程结束后，教学管理部门对学生展开调查，通过教学课程评价，了解学生对思政课堂教学效果与任课教师授课过程的意见和建议。通过科学的反馈机制，反馈给思政课教师，为其调整教学内容、创新教学方法、更新教学素材和资源提供借鉴。然而，当前部分高校思政课教师对学生反馈的关于授课过程和授课内容的评价与意见没有及时地进行答复，也没有及时、有效地修正教学内容。

其原因有以下两点：

一方面，高校思政课教师的时间和精力有限，职称评定与考核占据了教师大部分的时间和精力，而考核与科研成果紧密挂钩，对教师的教学能力的考核无明确的联系。因此，很多教师没有将教学能力的提升放在重要地位，从而忽视了教学内容的改进和授课案例素材的更新，影响了思政课的教学效果和学生的学习效果，甚至有些教师忽视学生的反馈。这无益于教学实效性的提高。

另一方面，学生对教师的课程开发和教学过程完全陌生，学生只能了解教师最终输出的教学内容，无法对教师的课程开发的过程进行了解和提出建议。

学生对课堂背后教师的准备工作一无所知，这不利于学生积极性的发挥。

（三）教学方法过于单一

1.学习的过程过于被动

教学方法作为整合教学过程中各种要素的组织方式，对高校思政课教学目标的实现，发挥着至关重要的作用。教师能否运用科学合理的教学方法，直接关系思政课教学效果的好坏。当前，高校思政课程的教学方法仍然有很多不足之处。

目前，最主要同时也是最常见的教学方法是教师讲授法。高校思政课教师根据教学大纲、课时安排，梳理出教学重难点，设置每一章节的教学目标，明确地写在教案上。在传统的课堂教学中，教师一般都不会向学生展示这节课的教学目标，只是向学生灌输理论知识。这与学生要求参与课堂教学并且发表自己的观点的诉求和期望背道而驰。

学生普遍认为，思政课教学是教师的"独角戏"。不少学生虽然人在课堂上，但做着与课堂活动无关的事，更严重的是，学生对部分思政课堂的满意度不高，教师缺乏成就感，备课积极性降低，授课效果不佳。这种恶性循环只会造成教师无心改进教学手段和内容，教学效果不断变差，学生无心听课的局面更加严重。

2.重理论轻实践

当前，高校思政课课堂缺乏实践教学活动，教师重点进行理论知识的传授。当前，高校对人才的培养，主要是以知识的掌握程度和对应的分数来衡量评价的，因此对学生知识的传授主要来自教师的讲授。然而，学生对知识和理论并没有自动转化为认识、分析、解决问题的思维和能力，仍需要通过实践、历经知、情、意、信、行等重要环节，完成将认知内化于心、外化于行的过程。实践教育的开展是实现这一过程必不可少的一项重要环节和关键途径。

3.教学内容缺乏弹性

思政课作为一门兼具政治性和学理性、价值性和知识性相统一的课程，其不仅是将马克思主义基本原理应用到思政教学的全过程，以培养学生用科学的世界观和方法论来分析、解决问题；而且综合运用了哲学、伦理学、政治学、经济学、历史学、法学等各个相关学科的知识。

一方面，思政课的教学目的是培养学生用所学的理论知识来指导实践的能力。因此，只有将思政课的教学内容与学生的专业相结合，才能更好地体现教学理论的价值，发挥课堂教学的更大效果。

另一方面，思政课通过了解学生专业的实际情况，有针对性地设计教学方法和安排教学内容，将专业性的教学案例与理论相结合。教师通过对专业案例的剖析，深入浅出地教授马克思主义基本原理，方便学生的理解和学习；学生也更容易将所学到的理论和方法指导学习和工作。

然而，当前高校思政课教师在实际教学过程中，面对专业各异的高校学生，并没有根据其专业特点灵活地结合教学实际，组织教学内容、进行教学设计。教学的主要内容，仍然来源于教材。教师将教材中的知识理论讲授给学生，教学内容缺乏弹性，没有根据教育对象的特点，对课程的教学设计进行有针对性的调整。教师总是采取单一的教学模式，将教学过程理解为理论讲授，将案例教学理解为理论教学事例。这降低了思政课对学生的吸引力和感染力，并且制约和限制了思政课教学方法改革的思路及视野。

（四）现有的教学体系评价系统不够健全

高校思政课教学评价体系是针对思政课教学过程和教学效果的评价方式与评价方法。高校思政课教学评价体系的设立是实现思政课形成闭环反馈，提高教育教学水平和教学成效的重要基础。教学体系评价系统不够健全主要有以下几点表现：

1.考核的方式过于看重结果

当前，高校思政课考核方式呈现出重结果轻过程的特点，过分注重对学生学习结果的考查，即终结性考评。高校思政课教师根据学生的论文或者是考试分数，直接把它作为该课程的最终分数，缺乏对学生平时学习情况的评定。教学的过程是学生知识不断积累、能力逐渐提升的过程，而现有的以成绩作为评价标准，过于注重结果，而忽视了对学生在平时学习过程中表现出来的学习状态、知识习得情况的追踪和考查。教师在授课过程中，无法随时掌握学生对所学知识的接受和消化程度，从而无法有针对性地对理解不深、理解有误的学生进行专门指导与辅导。学生不能更好地在知识上深化，不能为学术研究与学术思维的拓展提供必要的知识积累和打下良好基础。

2.评价过于形式化

当前，每学期课程学习结束后，教务处都会要求学生网上填写对思政课程和任课教师的评价。这种评价通常采用"十分制"的量化评分，要求学生通过回答如"任课教师的授课方式你是否满意""教师是否迟到早退""该课程你认为收获有多大"等问题，对思政课程和任课教师作出相应的评价。学生的评价是否及时反馈给任课教师则并不确定。

教师应及时分析学生对自己授课情况的反馈，适时地反思、调整自己的教学方法、教学手段和教学计划，以满足大多数学生学习需求，更好地达到教学要求，提高教学的实效性。这些都关系到课程的设计和调整，关系到学生创造力的培养和学习环境的创建，将课程评价落到实处，亟须相关机制的完善。

与此同时，相关部门需要及时调整高校思政课的课程评价方式，除教务部门提供的问卷调查的调查方式外，还应该设计多渠道、多样式的调查方式，以解决评价内容指标并不完善，覆盖面不全，反映渠道有限等问题，从而完善高校思政课程评价体系。

二、思政课程开发存在问题的原因

（一）知识中心观

传统的应试教育具有"知识中心观"的倾向，这明显违背了教育的目标，导致教育价值取向产生了严重的偏离，背离了社会发展和教育改革的要求。"知识中心观"最鲜明的表现是"重知识传授，轻问题意识和能力培养"。"重知识传授"指教师在教育教学的过程中，过分注重理论灌输，教学活动完全依靠课堂上的知识讲授来进行。教师在课堂内占据主导地位，教学方式单一，师生教学互动几乎没有。

存在"知识中心观"倾向的高校思政课教师，作为知识的灌输者，忽视了学生是否能够适应教学节奏，以及是否选择了学生喜欢的表达方式和教学方法，学生成为被灌输的"容器"。由于教师的时间、精力有限，以及这种教学方式造成的学生学习兴趣的丧失，学生学习的目的是应付考试。师生双方都将知识视为教育教学中最重要的部分，忽略了创设特定的环境，以及选择科学的教学方法，来培养学生的问题意识和逻辑思维能力。这种"知识中心观"倾向，极易造成缺乏实践教育和动手体验的"理论授课型"高校思政课堂的出现。

传统应试教育的"知识中心观"倾向在影响教学实践的同时，也限制了思政课程开发的视野，特别是实践教学活动的开展。一方面，当前高校思政课程开发，仍主要停留在进行理论知识教学的视角上；另一方面，思政课实践教学的地位，从学校领导层面、教师层面到学生层面，都存在不同程度的认知不足。实践教学的观念尚未完全具备，导致实践教学的地位"边缘化"。这种"知识中心观"使当前高校思政课程开发重理论教学、轻实践能力培养。

（二）教师中心观

思政课教学活动的过程，一些教师存在"教师中心观"。教师中心观表现为从教学方案的设计、制定到教学活动的展开、实施，以及最终课堂教学效果的考评，均以教师为主。课堂教学活动和实践教学活动，教师一直掌握着绝对的话语权；学生作为教育对象，始终处于被动局面，不能提出自己的意见和建议。在教学方法上，一些教师也存在"教师中心观"的倾向，忽略学生参与和思考的"教师主讲型"课堂的出现。高校思政课教师按照自己的教学方式和设计思路教授课程，没有充分发挥学生的主动性。教师以教材为基本遵循，在领会教材的编写意图后，力争将知识要点全覆盖，讲透重点，突破难点，但忽视了学生对思政课教学方法及教学模式的期待，也没有结合学生的学习兴趣、专业特长等组织开展教学，而是按自己的授课方式进行教学。

第三节　高校思政课程开发的对策

一、充分挖掘并整合相应的教学资源

（一）立足教材资源

教材资源是思政课最基本的教学资源，但思政课教师不能仅仅以教材为唯一教学资源，而要从实践中挖掘资源，争取早日实现教材体系向教学体系的转化。

教材作为教师最常利用和使用的素材性资源，同时也是最重要的课程资源，高校思政课教师应充分把握其精髓，立足于教材承载的理论，在精准把握教材编写的理念、知识内涵，透彻解读教材的基础上，体会教材的情感、态度和价值观，联系学生的发展实际和专业特点，确立教学的重点和难点。吃透教材的前提和基础，是要读透教材，知晓思政课程设置的原因以及教学目标，按照思政课程在塑造学生思想素质的某一重点，组织安排设计教学内容。从实际情况看，部分高校思政课教师对课程定位不够重视，认识不清。因此，相关的教学部门则应当对其予以重视，深化教师，特别是年轻教师的课程意识，将思政课课程的价值、教学目标及课程之间的关系讲透彻、讲明白，帮助教师树立正确的课程教学价值观。高校思政课教师可以从宏观的角度，把握教材编写的思路和逻辑体系，明确其所讲授的知识点的内在逻辑关系，分析知识点的构成要素、地位、意义等细节，安排和调整教学进度。任课教师需要自己先认真领悟教材，恰当地运用教学资源，既不能照本宣科，也不能偏离主题。领悟教材首先要理解教材基本精神，在宏观层面理解教材整体的编写思路和各个部分之间的联系，把握知识点和重难点，了解各个理论要点的逻辑推理的过程。

除对教材资源的利用外，思政课任课教师还应广泛阅读与教材相关的辅导读本、教学指导等一般素材性课程资料，充分挖掘和利用各种与教授科目相关的教学资料，简明扼要地讲授重点；结合案例来补充说明教材的观点。教师还可通过阅读理论著作进一步理解教材中的知识理论，了解理论发展的历史沿革等。

（二）丰富实践教学资源

丰富的实践教学资源是实践教学顺利开展、取得良好效果的前提条件和基础。如果离开了实践教学资源，实践教学将不复存在。当前高校思政课中的实践教学环节产生的各种问题，与实践教学资源的缺乏有很大关系。实践教学的资源是多方面资源综合的复杂系统。

首先，实践教学需要丰富和有保障的师资。相比理论教学，实践教学的教学方法较为落后，教师的教学经验也相对不足，因此思政课教师很难承担起较繁重的教学任务。因为实践教学的时间较长、实践的场所范围较广，师资面临着挑战。如果教师数量不够，教师就无法全程跟随学生，及时做好有针对性的指导工作；学生的实践学习流于形式，对其自身的成长和社会责任感的培养没有实质性的帮助。

其次，高校思政课实践教学需要充足的物质保障。随着教学阵地的转移，实践活动由室内转移到了室外。实践教学的顺利进行依赖于资金等其他资源的支持。如果不能在数量和时间上合理地配置资源，实践教学就不能正常开展，其后续一系列的活动都无法顺利进行。这对学校的资源配置能力提出了更高的要求。能否合理高效地配置资源决定思政课教师能否按照计划组织学生开展实践教学活动。

最后，实践教学的顺利展开离不开数量充足、建设完好的实践基地。实践基地在满足数量足够的同时，还需要保证类型多样化。这样可以确保不同形式的实践教学活动可以同时展开，不会在形式和数量上受到限制。实践基地和学校可以共同探索互利共赢的合作模式，通过地校共建，形成良好的合作关系，实现双赢，保障高校思政课的长期性和稳定性。

二、加强高校思政课教师队伍的建设

2019 年 3 月 18 日，习近平总书记在学校思想政治理论课教师座谈会上指出，"思政课是落实立德树人根本任务的关键课程""办好思想政治理论课关键在教师"。由"两个关键"可以看出思政课教师对于落实教育根本任务的重要性。同时，在本次会议上，习近平总书记对思政课教师素养提出了"六要"要求，即政治要强、情怀要深、思维要新、视野要广、自律要严、人格要正。这既是新时代思政课教师的立身之本，也是国家打造一支高素质的思政课教师队伍的指导思想和行动指南。

因此，结合习近平总书记的要求，加强高校思政课教师队伍建设要做到以下几点：

（一）提升教师的专业能力

教师作为课程资源的重要组成部分，关系着高校思政课的实效性的提高，所以高校要从教师资源的角度入手，加强高校思政课教师队伍的建设，选拔一批具备坚定的马克思主义信仰、较高的道德素质、扎实的理论基础和多元的知识结构的思政课教师。并且，思政课教师在了解时事政治、马克思主义中国化时代化的最新成果的同时，也要阅读马克思主义经典著作，了解马克思主义基本理论与西方思想理论流派之间的关系，了解社会思潮的类型及影响，并能正确地运用马克思主义的理论和观点来评析西方主要社会思潮和流派。在教师自学的同时，高校相关部门应考虑到教师个人的时间有限，应有组织、有计划、有目的地组织教师进行相关知识的系统学习，拓宽教师的视野，加强其知识储备。

（二）完善教师的自身素质

高校思政课教师素质远不只停留在具备专业能力的层面上，教师要在做人、做事、做学问等各个方面力争成为学生学习的楷模。教师拥有高尚品格、高超的教学水平的同时，还要顺应互联网技术的发展，具备一定的计算机多媒体应用技术和网络信息搜索分析的能力。

高校思政课教师应充分利用互联网技术，在思政课课堂拓展教学内容，丰富教学素材，运用扎实的马克思主义相关理论来分析社会热点问题等。教师要敢于直面现实生活中的问题，敢于正面回答学生的困惑与质疑。

（三）提高教师的科研能力和学术能力

高校思政课教师的学术科研能力和教学水平的提高要做到以下几点：首先，教师要从自身出发，刻苦钻研，培养问题意识，提高科研能力和丰富知识积淀，善于发现问题。其次，高校应定期组织学术讲座，帮助教师积极关注和学习学科前沿的相关知识，为其学术研究提供参考和借鉴。最后，高校应建立健全学术评价机制，鼓励思政课教师在教学过程中发现问题，大胆探索。高校要增加对教师关于思政教育的学术研究的物质投入，加大对思政课教师科研学术成果的奖励力度。在教学实践中，要鼓励思政课教师加强对教学目的、教学内容、教学体系等方面的研究力度，将提高教师的科研能力和教学水平相结合，学术研究和教育教学相结合，形成教学实践和学术科研之间的相互促进，实现教学能力和科研水平的共同提高，创新教学方法和教学手段。

第七章　高校思政课程教学模式

第一节　高校思政课程教学模式概述

一、"模式"与教学模式的概念

（一）模式的概念

"模式"（model）一词来源于拉丁文"modus"，意思是与手有关的定型化的操作样式。它最初只是对操作过程的经验性概括，之后这一词语的意义更加抽象，一般指"方式"。我国学术界认为，模式是依据一定的理论基础表征活动和过程的一种模型或形式。一种模式蕴含着一定的理论倾向，代表某种活动结构或过程的范型，一般通过数学、图形或文字的形式，以一种简洁的形式再现活动的结构和操作程序。有学者认为，模式是"人们为了某种特定目的而对认识对象所作的一种简化的描述"。美国学者库恩从自然科学的角度指出，模式与范式是同义词，是"普遍公认的科学成就，这种成就能够在短期内为实践者提供模型问题和解答"。美国著名比较政治学家比尔和哈德格雷夫指出："模式是再现现实的一种理论性的、简化的形式，其结构与现实的或预料的现实的结构相同。"随着社会的发展，作为现代科学技术中的一个术语，"模式"一词已应用更宽泛的层面，如政治模式、经济模式、文化模式、管理模式等。

综合上述学者关于"模式"概念的观点，本文认为，模式是在对研究对象进行理论概括的基础上形成的一种真实地反映研究对象的标准，并最终在社会实践中推广运用的可模仿、可再生的一种标准，从而有针对性地解决问题。正因为模式具有这种联系理论与实践的特点，因此需要建立并不断创新模式。

（二）教学模式的概念

目前，学界关于教学模式的概念，大致有以下几种观点：

（1）方法论。方法论将教学模式等同于教学方法，或者把教学模式归属为教学方法的范畴。例如，美国学者保罗认为，教学模式，就是为完成特定的教学目标而设计的具有规定性的教学策略。

（2）过程论。过程论将教学模式等同于教学过程，或者说将教学模式归属于教学程序的范畴。例如，《教育大辞典》指出："教学模式是在一定的教学思想或教学理论指导下建立起来的，较为稳定的教学活动结构框架和活动程序。"吴立岗认为："教学模式是依据教学思想和教学规律而形成的，在教学过程中需要遵循的比较稳固的教学程序及其方法的策略体系，包括教学过程中诸要素的组合方式、教学程序及其相应的策略。"

（3）结构说。结构说认为教学模式属于结构论的范畴。例如，赖志奎认为，教学模式是指在一定的教学思想或理论指导下，设计和组织教学从而在实践中建立起来的各种类型教学活动的基本结构。它以简化的形式，稳定地表现出来。

综上所述，学界普遍认为教学模式是正确反映教学的客观规律，在一定的理论指导下，有效对教学进行指导实践而形成的一种稳定的范式。

从实际意义上来看，教学模式是遵循某种教学思想和教学理论，根据教学的规律和学生的学习认知特点，为完成特定的教学目标和教学任务，依靠一定的教学方法和教学平台，按照教学活动的顺序在教学实践中形成的比较稳定的、系统的一种教学行为范式。但教学模式不是一成不变的，其随着教学情况的变化而不断地进行创新、完善。

二、教学模式的功能

（一）实践方面的功能

第一，教学模式具有桥梁作用。在教学活动中，教师不能只凭经验和感觉教学，还需要将教学理论应用于教学实践。这就需要一个桥梁以沟通理论与实践。

教学模式来源于教学实践，它是具有设计、实施、调控、评价教学活动的一整套教学方法体系，能将教学活动的各环节有效地结合在一起，并能让人们在教学理论与教学实践之间找到中间环节。人们重新审视教学活动中的各要素和环节，在教学实践中不断创新，突破原有的教学理论框架，不断探索和发展新的教学理论体系。

第二，教学模式具有示范引导功能。教学模式一旦形成就具有了稳定性，是可以模仿和操作的。教学模式为教学理论运用于教学实践制定了较为完备、便于操作的实施程序。有了规范的教学模式的示范和引导，教师能够比较迅速地具备独立教学的能力，可以减少教学活动中因盲目摸索和错误尝试所浪费的时间与精力。因此，教学模式的特点决定了其具有示范引导功能。一方面教师在教学活动中能迅速熟练地掌握教学的基本技能；另一方面，教师可以根据具体的教学条件或情境灵活掌握，探索新的教学模式。这促进了教师创造性的发挥，有利于促进教学工作的规范化。

第三，教学模式具有诊断和预见功能。在教学活动中，教师可以对照教学模式不断发现教学活动中存在的问题，并对其作出正确的诊断，从而不断改进教学活动，促进教学活动的规范化。由于教学模式揭示了教学活动中的规律性联系，也就是说，如果教师使用某种教学模式，需要具备教学模式实施的条件，否则就不会实现教学模式预期的目标。因此，教学模式还可以帮助教师有效地增强对教学过程的控制和调节，确保教学活动取得预期的效果。

第四，教学模式具有系统改进功能。教学模式的运用能够有效地促进教学活动的不断优化，成为一个有机的系统。在教学活动中，教学目标与教学条件、教学程序等因素是相互适应的。如果教学模式不能适应新的教学目标，就需要不断改进教学活动中的其他因素，或者对教学模式不断进行创新，直到一种更有效的、更完善的教学模式适应新的教学目标，从而促进教学改革，取得令人满意的教学效果。教学模式的系统改进功能是基于教学整体角度的，在教学模式优化的同时需要有整体的、动态的眼光。

（二）理论方面的功能

一方面,教学模式作为某种教学理论的概括和简化,在实践中不断得到证明,已经有了一套相对稳定的教学结构和教学程序,具有可操作性,容易被教师所掌握和运用;另一方面,教学模式是通过简洁明了的语言文字或者具有象征意义的图像、符号来对教学理论进行阐释的,其比较容易传播和普及。因此,教师可以比较迅速地掌握其实质,从而指导教学实践。通过对教学模式的运用,教师能够在不断地实践和检验中探索新问题,促进教学理论的发展并提高自身的教学水平与能力。

三、高校思政课教学模式的内涵

要提高教师的思政课教学水平和教学实效性,开展高校思政课教学模式改革,首先需要明确高校思政课教学模式的内涵。目前,学界对高校思政课教学模式的内涵的认识还没有统一,大多是从教学模式的概念出发,提出高校思政课教学模式的内涵。一种观点是从目的论的教学模式观出发,认为思政课教学模式是以构建高校学生的学习参与机制,形成"实践体验"与"内化践行"的学以致用的能力为目标指向的。还有学者提出,高校思政课教学模式是在现代思政理论与实践的基础上,促进教育双方的自我教育、自我管理、自我发展,以增强和发挥人的能动性为导向的理论模型和实践范式。还有一种观点是从程序论的教学模式观出发,认为思政课教学模式是思政教育教学工作者基于一定的思政教育教学理念,在一定的思政教育教学目标的引领下,整合教学资源,按照教学程序开展教学活动的循环范式。也有观点是从方法论的教学模式观出发,认为思政课教学模式是思政课教学的一般操作模式,或者说是"以学生为主体,以学科知识为背景,以案例材料为依据,以多媒体技术为手段,以素质能力的培养为目的"的一种模式。

就宏观层面而言,高校思政课教学模式有狭义和广义之分。从狭义上来讲,高校思政课教学模式是指高校思政课课堂教学模式，是教师基于一定的教学思想和理念，围绕教学目标和教学内容，按照一定的教学程序，有效开展课堂教学活动，从而对高校学生进行理论体系教育的一种范式。从广义上来讲，高校思政课教学模式不仅包括课堂教学模式，还包括实践教学和网络教学模式，是三者的有机结合。因此，高校思政课教学模式是指在一定的教学思想或理论指导下，教师、学生、媒体、社会环境按照一定的程序，整合各种教学资源，围绕一定的教学内容进行互动，以实现思政教育教学目标的一种教学行为范式。

从这个概念来说，高校思政课教学模式除具备一般教学模式的所有特点外，还具有学科性这一独有的特征，即适合在高校思政课教学实践中运用的教学模式，是具体层面的教学模式。它包括课堂教学模式、实践教学模式和网络教学模式三个部分，而且这三个部分不是独立的，而是相互结合、交叉的。因此，高校思政课教学模式强调"主体间性"，有利于充分发挥学生的主动性和参与性，有利于提高高校学生的综合素质，促进学生的全面发展。

高校思政课教学模式的建构和运用受到思政教育的特殊规律制约，如双向互动规律、适度伸张力规律、内化外化规律和实践认识规律等。但最重要的是教师通过对高校思政课教学模式的运用，使思政课教学模式实现由教材体系向教学体系转化、由教学体系向思想体系转化、由思想体系向实践体系转化。因此，高校学生能够真正用思政理论体系指导生活、解决问题，促进高校学生综合素质全面发展。

第二节　高校思政课程教学模式改革的基本原则

高校思政课教学模式改革要顺利、有效地实施与运行，需要在整个模式的创新与运行过程中遵循基本原则，而基本原则是观察问题和处理问题的准绳。

一、整体性原则

高校思政课教学模式改革涉及方方面面，其不仅包括教学的主体，还涉及其他教学部门，而且还包括各个环节。一方面，高校思政课教学模式改革的主体是教师和学生。在改革过程中不仅要考虑教师的实际，包括教师的教学能力和水平，还要考虑到学生的实际；学生不仅年级、专业不同，他们的家庭情况、身体状况、知识水平、思想觉悟、心理状况、道德素质等也不尽相同。如果教学模式改革没有考虑到这些差异，那么构建的教学模式在实际运行中也不可能取得好的效果。另一方面，高校思政课教学模式改革涉及多个环节，从教学目标的规划到教学大纲的制定，从教学内容的确定到教学方法的选取，从教学过程的组织管理到教学评价的实施。这是一项系统工程，哪一个环节出现问题都会导致教学改革前功尽弃。因此，在教学模式改革中要坚持整体性原则，对教学的各个环节的实施与运行进行通盘考虑，而且要从整体上把握，灵活运用。此外，高校思政课教学模式改革不能单纯依靠思政课教学部门或者教师独立完成，还需要与其他部门和其他教师互相配合，形成强大的合力。而且，高校思政课从学科知识体系上看是相对完整的、自成一体的教学体系，但是它们都服务于同一个教学目标，在教学内容上有着相同的实质和内涵，因此要整合利用各种教学资源，包括学校内和学校外的资源，实现优势互补，便于组织操作；即使没有所需的教学资源，教师也要根据现有的教学资源，采取灵活多样的方式。在教学方法上可以从整体性出发，采取相同的或者相似的教学模式。

二、针对性原则

高校思政课教学模式不可能培养学生所有的能力，也不可能解决思政课教学中出现的所有问题，但是在教学模式改革中要坚持从实际出发，有的放矢，针对遇到的具体问题进行具体分析。高校思政课教学模式改革具有极强的针对性：一是教学对象的针对性；二是教学内容的针对性。因此，高校思政课教学模式创新的成功与失败，取决于其是否具有针对性。一方面，要针对高校学生的实际情况。新时期，高校学生年龄结构发生变化，他们大都是"00 后"，而且他们的思想也发生变化。另外，高校学生的生理和心理逐渐成熟，其世界观、价值观和人生观逐渐形成，对事物都有自己的看法与见解，其自我意识比较强烈；但他们还没有完全定型，其思想和心理容易受到周围环境的影响，而且学生都有自己的特殊经历和生活环境，他们的思想状况和认知能力也会有所不同。此外，高校思政课是全校性的公共课程，涉及不同专业、不同年级的学生，每个专业、每个年级的学生的特点不一样，其接受程度也不同。因此，高校思政课教学模式创新过程中，不能"一刀切"，要针对不同群体、不同层次的学生和学生的不同思想状况，选择恰当的教学模式，对高校学生进行引导和教育。另一方面，要针对不同的教学内容开展教学。与其他课程相比，高校思政课教学内容与学生在中学阶段的学习内容有许多相同之处。在教学过程中，教师要根据教学的不同内容采取不同的方式，如对学生已经掌握的内容，可以简略；对学生容易理解和掌握的内容，可以加快教学进度；对学生难以理解或者较新的教学内容，可以适当放慢教学进度。同时，在教学过程中，教师要根据教学内容，紧扣时代主题和当前国内外的现实热点问题及发生的变化，把握学生关心的热点、难点问题，将反映时代特点和要求的内容充实到思政课教学，有针对性地引导学生运用所学的知识进行分析、解释，增强教学的现实性。这也是高校思政课教学目标。

三、主体间性原则

主体间性原则不同于主体性原则。主体性原则强调以学生为中心，或者强调以教师为中心，把学生或者教师作为高校思政课教学活动的唯一主体。但是，当前高校思政课教学存在主体缺失的现象，如主体不在场，导致教学效果不佳。教师和学生都是高校思政课教学的主体，二者从人格上来说处于平等的地位，因此需要互相尊重。同时，高校学生是有自主意识的公民，只有受到尊重，他们才能更主动地参与学习。主体间性原则强调教师与学生之间的相互尊重，给予学生参与教学、充分展示自己的机会，从而促进他们人格的健康发展。实践证明，教学只有在民主和谐的氛围中进行，才能取得较好的效果；反之，就会抑制学生的个性，他们的主动性和积极性就会受到限制，学生各方面的综合能力不能得到完全自由的发展，教学的效果和质量就会大打折扣。研究表明，在教师与学生建立民主型关系时，教学活动更有效率和更容易充分发挥主体的主动性，在这种教学氛围中，学生可以充分展现自己的能力，表达自己的思想与情感，更能积极地、主动地参与到学习与教学过程中，他们的创新思维能力和探索精神更容易得到发展。这有利于学生各方面能力的提升，也有利于教师水平和能力的提高，真正实现教学相长，教师的教学效果更佳。因此，在高校思政课教学模式创新中要坚持主体间性原则。一方面，要坚持教师与学生的主体性。这就要求改变过去传统的灌输式教学模式中以教师为中心的观念，要肯定高校学生在思政课教学中的主体地位，让高校学生真正成为教学的参与者，变"要我学"为"我要学"。作为高校思政课教学模式另一个主体的教师，应该把自己放在与学生平等的地位，支持和引导学生自主学习，把学习的时间和空间更多地留给学生；与高校学生共享教学中的"权力"，将自己视作教学活动的组织员、引导员、管理员与监督员。这样才能充分发挥教师与学生的主动性、积极性，提高教学的效果。另一方面，作为教师与学生主体性充分发挥的桥梁与中介的各种教学资源，在高校思政课教学中不能被当作教学的客体；相反，教师和学生都应该充分发挥主观能动性，积极利用各种教学资源与适应教学环境，通过对其充分利用，架起二者之间的桥梁，以实现平等对话、互动。通过教师与学生的互动合作，实现教学目标，促进教师水平与能力的提高；同时促进学生综合能力的发展，实现教学相长，从而达到提高教学实效性的目的。

四、实践性原则

实践是认识的来源，是认识发展的动力，是检验真理的唯一标准，人们只有在实践中才能认识事物的本质与规律。高校思政课教学本身就是一种特殊的社会实践活动，不仅因为它有着特殊的实践对象——高校学生，特殊的实践结果——高校学生的思想变化和世界观，以及特殊的实践方式——教师的言传身教。它虽然是一种认识过程，但是在本质上不论是教师的教学活动还是高校学生的认识活动都是一个社会实践。高校思政课教学就是二者有机统一的实践活动。学生只有进行社会实践，才能实现知行合一。因此，高校思政课教学不仅通过理论教学来完成教学任务，还要经常性地开展社会实践。只有把理论教育与社会实践结合起来，才能充分发挥思政课在培养学生良好思想道德素质和科学文化素质中的作用，真正达到高校思政课教学的目的。高校学生在社会实践中受教育、长才干、做贡献，增强社会责任感。另一方面，教师的教学活动是以掌握科学理论、熟悉教材内容、了解教学对象等为基本前提的。可以说，在教师整个教学过程中的每一个教学环节都包含着一系列社会实践活动。这些实践活动作为思政课教学活动的有机组成部分，都是围绕促进学生思想道德素质的提高这一实践活动而展开的。因此，思政课教师的教学活动是实践活动。所以，要提高高校思政课教学的针对性和吸引力，在教学模式改革中就需要坚持实践性原则。

五、开放性原则

高校思政课教学模式一旦形成就具有相对稳定性，但是高校思政课教学模式并不是一成不变的。也就是说，高校思政课教学模式不是一个封闭的、孤立的系统，而是在一个开放的、动态的教学系统里，会随着教学实践的不断发展而不断完善，不断吸收新的因素，从而为教学模式的创新和可持续发展提供动力。正如学者所指出的，思政教育是灵活的，在概念、信念、知觉和假设中是敞开的；对于其中的模糊性，它是宽容的，是允许其存在的。因此，它能够接收许多矛盾的信息而不拒绝经验。在这一过程中，高校学生感受精神振奋，更加自信开放，更能接受自己和他人，同时由于努力去理解和接受，乐于接受新思想。一方面，高校思政课教学模式改革过程中，教学理念和教学思想需要开放。任何一种教学模式的形成都不是在一种教学思想和教学理念的指导下形成的，需要兼收并蓄、海纳百川；只要对教学模式的顺利运行有益，都可以吸收利用。另一方面，教学内容和教学过程需要开放性。虽然高校思政课有自己的特点和独特的教学内容，但是也有相同的地方，而且教材的各章节之间都有衔接。因此，教师在教学内容选择上需要打破传统教材的限制，时刻将教学内容与时代要求和社会现实相结合，从学生生活中选择教学素材，坚持生活化，把教学内容放到一个开放的教学环境中。教学内容从单纯的理论说教转变为多样的体验交流，让学生能够充分发挥他们自身的开放性思维和创造性思维，实现自身各方面素质和能力的提升。同时，要促进高校思政课与其他课程互动、思政课教学部门与学校其他部门互动、思政课教学与周边环境互动，促进高校思政课程建设，适应时代和社会发展的需要，提高思政课教学质量与效果。

第三节　高校思政课程教学模式改革的基本思路

在遵循高校思政课教学模式改革的指导思想和基本原则的基础上，结合当前高校思政课教学实际以及教学模式的现状，借鉴各高校的教学改革经验，高校思政课教学模式改革要突出素养导向教学、问题导向教学和合作导向教学，即"三个导向"。高校思政课教学模式改革充分挖掘国内传统文化资源、时事热点资源和地方知识资源等教学资源，拓宽理论社团载体、实践基地载体和校园网络载体，即"三个载体"，推进教学模式链条化、网格化和立体化等三项改革，从而提高高校思政课对高校学生的吸引力、感染力和渗透力；激发高校学生学习的主体性、自觉性和积极性，确保实效性。

一、突出"三个导向"

在高校思政课教学模式改革中要突出素养导向教学，注重培养学生的思想道德素质和对社会主义的认同，还要突出问题导向教学和合作导向教学，充分调动学生的主体性，培养学生的问题意识和创新思维，提高学生的综合能力，促进教学体系向信仰体系的转变，提高思政课教学的吸引力和实效性。

（一）突出素养导向教学

高校思政课教学从目标意义上说，实际上就是力求提高高校学生的马克思主义素养，高校学生要达到学习中国特色社会主义理论"真学、真信、真用"的境界。素养导向教学就是解决原有的知识导向教学的弊端，不再把学生记住基本理论知识作为高校学生理论体系教育和思政课教学的主要目标，而是以培育高校学生综合素养为目标。通过对教材教案的设计和运用、课堂教学的组织、教育教学方法创新、校园文化活动感染等途径，传播积极正能量，向高校学生讲解党和国家的重大路线方针政策，并将其内化为学生的政治素质，从而培育合格的社会公民；坚定学生的"四个自信"，使其树立为实现中华民族伟大复兴的中国梦而努力的信念。因此，高校思政课教学模式改革过程中突出素养导向教学，一方面要突出立德树人的原则，加强教学内容的政治性与科学性，这是加强素养导向的内在要求；另一方面高校思政课要突出能力教育和信仰教育，这是加强素养导向的主要内容。

因此，高校思政课教学模式改革坚持素养导向，坚持政治性和科学性的统一，坚持思想和理论体系的指导地位，坚持用发展着的思想武装高校学生，并要用科学的方法，使思政课教学内容的政治性和科学性达到统一；高校学生更好地理解和掌握相应的教学内容，形成正确的、科学的思维方式；摆脱思政课教学内容空洞、"假大空"的模式；有利于高校学生树立正确的世界观、人生观和价值观，能够解决现实中遇到的一些问题，促进其自身的成长。这是高校学生人生发展的必修课。最终实现高校学生对中国特色社会主义理论"真信、真学、真用"的目标。

（二）突出问题导向教学

高校思政课教学不仅仅向学生传授知识，而且要提高学生的创造力，培养学生的问题意识，引导学生参与教学过程，发挥他们的主体性。正如教育家苏霍姆林斯基所说:"参与性教学就是在教育教学中充分发挥学生的主体性,积极引领他们投身到教育实践中,使其精神丰富、趣味丰富、道德纯洁,成为社会进步的参与者。"当前高校思政课教学模式中存在学生主体性发挥不足的问题。要改变这种状况,就需要突出以发挥学生主体性对目标的问题导向教学。问题导向教学就是让学生"带着问题来,带着答案走"。只有带着问题学,学生的目标性才强、兴趣才高,用学到的知识解决问题。具体地说,就是在上课之初,就由学生和教师商定一个问题,最终确定的问题既可以是当前思政理论与实践前沿和热点的问题,也可以是学生关心和感兴趣的问题。这个问题贯穿思政课教学的始终,让学生带着问题开课,跟着课题研究上课,以课题结论结课。

在具体实践过程中,高校思政课教学模式改革突出问题导向教学,可以综合启发式、参与式和研究式等多种教学方式的特点,需要教师全面把握教材,以便在确定选题时能从整体上把握好教材与现实的结合点。因此,在高校思政课教学模式改革过程中突出问题导向教学,要坚持自主性原则,从问题的选择、确立到研究计划的制订、实施,甚至是总结与评价都应该尊重学生的自主性,由学生自主决定和安排实施。教师在这个过程中主要提高一些必要的帮助和指导,使学生能够最大限度地发挥自己的主体性,激发他们的学习的兴趣,促进教学目标的全面性和教学主体的互动性;而且可以提高教学组织的合作性和营造民主性的教学氛围,实现教学评价的多维化,提高高校思政课教学的实效性,提升高校思政课教学模式的效果。

(三)突出合作导向教学

高校思政课教学是一项复杂系统的教学活动,它不仅涉及教师和学生,还需要学校其他部门的配合协调,而且在实践教学过程中还需要与地方、企业等沟通合作。因此,高校思政课教学模式改革需要突出合作导向教学,即教学相关部门通过互动合作,提高教学的实效性和培养学生的合作意识与合作能力。合作导向教学就是强调教学活动中"教"与"学"的统一,强调师生关系的合作和互动。高校思政课教师要切实肩负起理论创新、典型示范、课堂引导的重任,这是实现理论教育和中国特色社会主义理论教育的基础。但是，传统教学模式不能满足学生学习的要求。因此，高校在强调教师的引导和教育作用的同时，还要强化学生的主体参与，实现教师与学生的互动式合作教学。

高校思政课教学模式改革突出合作导向教学，最主要的是要确定合作任务和组建合作学习的小组。在确定合作任务前要做好教学设计，这对优化合作教学有着十分重要的作用。合作教学设计包括总体教学设计和具体课题的教学设计。这要求高校思政课教师在教学中对课程内容有深刻的理解和总体的把握，根据教学大纲和学生的认知、兴趣，确定哪部分教学内容适合开展合作教学。在确定合作任务的时候一定要以学生为本，选择贴近社会、贴近生活、贴近实际而且学生感兴趣、容易合作的内容，尤其以与思政课教学内容密切联系的社会热点、焦点问题为主。在此基础上，根据合作教学的特点，在教学过程中注重选择不同性别、专业、兴趣等成员组成学习小组，或者提出小组构建的要求，让学生自由组合，一般以 3~6 人为宜，并由学生自己选出组长。总之，合作学习小组要体现组内异质、组间同质的原则和职责明确、分工合作的原则，确保各个小组之间的水平、能力的平均，以及小组的有序合作。在合作导向教学过程中，教师要注意自己角色的转变，在这个过程中，教师不再是知识的传授者，而是指导者。这样才能确保合作教学不流于形式，才能更好地促进学生学习的兴趣，提高教学的效果。

二、拓展"三个载体"

教学活动的开展及其目标任务的完成，绝不是凭空产生的，必须有一定的载体作为平台和依托。教学内容信息的有序传递，教学方式方法的有效运用，以及师生之间、学生之间的良性互动等，无不是凭借一定的载体得以实现的。因此，教学载体是思政课教学系统不可或缺的组成部分，其直接影响着思政课教学的实际效果。所谓思政课教学载体，是指为实现思政课教学目标，在一定教学理念和教学策略指导下，由思政课教师所把握和运用的，能够承载、传递思政课教学信息，并能对高校学生的思想、行为产生影响的物质、精神存在或某一具体活动形式。在高校思政课教学模式改革过程中，要改变过去那种单一的教学载体，在用好课堂教学这个主渠道的同时，要积极整合教学资源，拓展校内理论社团载体、实践教学基地载体、校园网络载体，以此促进高校思政课教学载体的多样化。

（一）拓展理论社团平台载体

长期以来，高校思政课是以课堂为主要载体进行教学的，这种载体的教学取得了一定的成效。随着思政人才专项计划的实施，各高校建立了各种理论社团组织。当前各高校学生社团的蓬勃发展，给高校思政课教学实效性、开放性和多样性发展带来了新的活力。因此，在高校思政课教学模式改革过程中要积极用好校内理论社团这个载体，提高思政课教学的实效性。

在高校思政课教学模式改革过程中，要充分利用好校内理论社团这个载体，继续实施人才培养计划，这是实现全方位育人目标的需要，是形成积极向上的校园文化的需要，是促进高校学生思想政治进步的需要，也是培养高校学生思想道德素质和综合能力的需要。一方面，思政课教学部门联合学校其他部门加强对理论社团干部的教育和培训，在培教育和训中积极教授思政理论知识，积极培育理论社团干部的社会主义核心价值观，加强对理论社团干部的理论培养；加强对理论社团的指导，帮助他们建立健全规章制度，使理论社团逐渐规范化，建立健全全员育人的机制；另一方面，教师要积极参与理论社团工作，发挥主导作用，与参加社团的学生进行平等的互动，寻找思政课教学与理论社团活动的结合点，将教学内容融入社团的各种活动；引导学生联系国家形势与国内外热点问题进行讨论学习；开展社会实践教学活动，促进教育与兴趣的统一，促进思政课"大课堂"的构建；从而不断增强政课教学的渗透力和吸引力。

（二）拓展实践基地载体

近年来，随着国家对实践教学的重视，各高校在思政课教学模式改革中也越来越重视实践教学，并建设了一些实践教学基地。为了规范实践教学基地建设，相关部门也多次对此进行规定。《教育部等十部门关于印发〈全面推进"大思政课"建设的工作方案〉的通知》（教社科〔2022〕3号）指出：建好用好实践教学基地。

教育部会同有关部门，利用现有基地（场馆），分专题设立一批"大思政课"实践教学基地。发挥好高校思政课教师研学基地的实践教学功能，各地教育部门要结合实际，积极建设"大思政课"实践教学基地。大中小学要主动对接各级各类实践教学基地，开发现场教学专题，开展实践教学。有条件的学校可与相关基地建立长效合作机制，加强研究和资源开发。各基地要积极创造条件，与各地教育部门、学校建立有效工作机制，协同完成好实践教学任务。因此，在高校思政课教学模式改革中，要充分利用好这些实践教学基地，做好高校思政课教学"三个课堂"的衔接，不断提高思政课教学的针对性和实效性。充分利用高校思政课实践教学基地，有利于培养学生运用思政基本原理与基本方法分析和解决问题的能力，有利于对高校学生进行爱国主义、集体主义和社会主义教育，以及社会主义核心价值观和为实现中华民族伟大复兴的中国梦教育，还可以为高校学生认识、研究社会提供一个窗口和一个渠道，引导高校学生积极参与社会实践和社会服务，培养他们的创新能力和实践能力，以及提高他们的思想道德素质；而且还可以丰富教学内容和教学资源，大大增强教学的实践性和说服力，有利于提高教师的实践水平和科研能力，促进教师素质的提升，从而提高教学的水平和实效，实现双赢。因此，作为高校加强思政教育的主渠道和主阵地，高校思政课教学要充分利用好实践教学基地这个平台。

目前，高校思政课教学的社会实践基地主要有思想教育基地，如爱国主义教育基地及科技馆等；政治教育基地，如理论研究基地、博物馆、纪念馆等；道德教育基地，如环保教育基地、敬老院、幼儿园等；法治教育基地如戒毒所等；心理健康教育基地，如心理咨询中心等；综合教育基地，如工厂、农村、大学科技园等。这些社会实践基地是高校开展思政课实践教学的基础，承载着实践教学的基本内容，有利于提高高校思政课教学的针对性和实效性。

因此，在高校思政课教学模式改革过程中，要提高思想认识和重视程度，整合分散的实践活动基地资源，坚持系统思维，对校内、校外的实践教学基地和不同类别的实践教学基地进行整体规划、合理布局。以思想性为基础，以专业性为依托，将学校各部门建立的实践基地统一起来，作为思政课的实践教学基地；根据思政课的教学内容在实践基地进行实践教学,实现思政实践教学的阵地化发展。同时,要不断完善实践教学基地的制度、组织、安全等保障体系,加大经费投入,积极探索与构建社会实践和专业学习相结合、与服务社会相结合、与勤工助学相结合、与择业就业相结合、与创新创业相结合的管理体制;建立科学合理的监督与评价体系,形成动态的反馈机制,实现思政教育与素质拓展相融合,提高高校学生的思想道德素质与实践能力和水平,充分发挥好高校思政课教学"第三课堂"的作用,真正提高思政课的影响力。

(三)拓展校园网络载体

随着信息网络技术的发展与普及,当前高校教育也呈现出网络化、信息化的特点,如慕课、微课、易班等。重视发挥多媒体和网络等信息技术的重要作用,倡导在教学中使用新技术、新手段,逐步实现教学手段现代化,开发网络教育资源,形成网上网下教学互动、校内校外资源共享。因此,高校思政课教学模式改革要充分利用好校园网络平台,发挥网络平台的非线性、跨时空性和即时性,提高教学的时效性和针对性。

高校思政课教学模式改革中充分利用好校园网络载体是网络时代的必然要求。随着 20 世纪 90 年代社会主义市场经济体制的建立,我国互联网技术飞速发展,已进入了网络化的"微时代""大数据时代""云时代"和"互联网+"时代,互联网在科技、生活、生产、教育、经济等各个方面都发挥了越来越重要的作用。网络教学模式可以与传统思政课教学模式进行互补,提升高校学生的主体意识和主体地位,丰富思政课教学的内容。传统的思政课教学模式,教师拥有信息优势和经验优势,处于主导地位,在教学中唱"独角戏",学生被动地接受知识的灌输与传递,整个教学过程呆板、单调,忽视、抑制了学生的主体性。网络平台可以充分发挥网络的共享性,有利于形成思政课教学的完整体系,而且打破了师生之间传统的单向关系和教学时空等客观条件的限制,可以更好地满足学生在学习中的个性化需求和多元化发展;整个教学过程由封闭式变成了开放式、从单向灌输到多向互动,学生学习从被动学习转变为主动学习,发挥高校学生在教学过程中的主体性更容易激发学生对思政课的兴趣，从而培养学生的科学创新精神和探索实践能力，有利于思政课教学目标的实现和提高教学实效性。

因此，在高校思政课教学模式改革过程中要利用好校园网络平台，加大经费投入，加强校园网络基础设施建设，推动智慧校园建设，同时着力提高教师的"互联网+"思维和大数据思维，防止出现"信息茧房"和"信息鸿沟"；还要开展科技意识和实施网络教学的综合素养教育，引导学生树立正确的网络安全观，规范自己的网络传播行为；同时要培养高校学生"意见领袖"，防止出现"沉默的螺旋"；在主动占领网络思政教育阵地和话语权，引导学生积极向上的思想观念的同时，也在充分尊重学生个体意愿的情况下，充分利用好 QQ、飞信、博客、微博、微信、易信、慕课、微课、微视、易班等工具和网络平台，通过对教育大数据的获取、存储、管理和分析，建构学习者学习行为相关模型，分析学习者已有的学习行为，并对学习者的学习趋势进行科学预测；及时更新教学内容，不断丰富和整合教学资源，积极应对大数据和"互联网+"的挑战，构建传播正能量和高效化管理的网络教学平台，让网络平台得到学生的认可，真正地用起来、动起来，实现线上线下同步；真正提高教学的渗透力、影响力和吸引力。

三、推进"三项改革"

近年来，在国家、社会及各高校的努力下，高校思政课教学模式改革取得了阶段性成果，但在改革过程中仍然存在一些问题，其主要原因部分高校和教师是对教学模式改革的规律与方法理解不透彻。因此，在高校思政课教学模式改革中，需要推进链条化、网格化和立体化三项改革。

（一）推进思政课教学模式链条化改革

高校思政课教学的特殊性质决定了其教学任务不仅仅是向学生传授理论知识，更重要的是通过教学提高学生的思政素质和道德素质，培养学生对中国特色社会主义事业的认同感，坚定"四个自信"，投身于全面建成社会主义现代化强国的伟大事业，实现从教材体系向教学体系、教学体系向知识体系、知识体系向行为体系的转变。调查显示，大部分学生认为当前高校思政课教学并不能很好地体现知行合一。为此，在高校思政课教学模式改革中要根据思政课的教学规律和学生思想品德的成长规律及心理特征，强化全链条改革，注重学将生知、情、信、意、行相结合，让学生在学中做、做中学，引导学生将所学的理论知识内化于心、外化于行，使学生真学、真懂、真信、真用。

链条化就是在教学模式改革过程中，根据学生的心理特征和成长规律，遵循思政课的教学规律，将学生的知、情、信、意、行的内容串成一个链条，融合多种教学方法与教学模式，循序渐进地将教学内容纳入其中，实现知行合一。从人的思想品德成长规律看，思想品德是由知、情、意、行这四个要素构成的。"知"即思想道德认识，是人对思想道德的规范、原则的把握，是思想道德形成和发展的基础；"情"即道德情感，是人们对思想道德的规范和原则产生的情绪体验，是思想道德形成和发展的推动力；"意"即道德意志，是人们在实践思想道德规范和原则过程中的一种意志，是思想道德形成和发展的保证；"行"即思想道德行为，是人们对思想道德规范和原则采取的实际行动，是思想道德形成和发展的归宿。可以说，在人的思想道德形成与发展过程中，知、情、意、行是相互联系、相互制约、不可分割的。正因为它们是辩证、均衡地发展，人们才能实现知行合一。加强链条化改革，尊重学生的思想道德认知规律，学生能在接受理论知识的同时，感受到情感的传达交流、思想的熏陶，从而能够克服当前高校思政课教学过程中知、情、意、行等环节的脱节，提升学生的思想道德境界和政治觉悟。所以，通过推进高校思政课教学模式链条化改革，将知、情、意、行这几个因素用链条结合在一起，可实现学生"明知""创情""达信""炼意""践行"的统一，从而提升思政课教学的实效。

（二）推进教学模式网格化改革

坚持全员育人、全过程育人和全方位育人是加强高校学生思政教育的途径。为此，在推进高校思政课教学模式改革过程中，要坚持"三全育人"的原则，根据思政课教学的主体与途径，推进网格化改革。高校思政课教学模式网格化改革是指在高校思政课教学模式改革过程中，根据教学的主体和空间，按照一定的归属部门划分成学校、社会、家庭三个大的网格单元，再根据不同的因素分成若干个小的网格单元；同时坚持合作导向，对不同网格单元的教学资源进行统一协调，促进它们之间的合作，共同提高高校思政课教学的实效性。

推进高校思政课教学模式网格化改革，首先是因为思政课教学的对象有了新的变化，当代高校学生接受各种社会思潮的途径越来越多，容易受到社会、家庭、网络等各种因素的影响，单靠学校的思政课教学是远远不够的。其次，推进高校思政课教学模式网格化改革是适应学科发展的趋势的需要。高校思政课所依托的学科主要是理论学科，理论学科一直以来都没有明确的边界，与其他社会科学等融合在一起，导致高校思政课教学理论发展比较缓慢，教学效果也不佳。但是随着当前社会的发展，社会已经从竞争对抗走向了合作共赢，人们认识到只有通过合作才能实现多层次全方位的发展，才能更好、更快地发展。因此，推进高校思政课教学模式网格化改革就需要相关部门具有网格化的思维，根据思政课教学主体资源分成学校、社会、家庭三个大的网格单元，而每个大的网格单元包括其他小的网格单元。例如，学校这个大网格单元还包括思政课专任教师、社会科学课程教师、专业课教师、辅导员、班主任、行政管理工作人员、社团工作者、学校其他服务人员等网格单元。社会这个大网格单元根据影响高校思政课教学的因素分为大众媒体、网络、企业、政府等网格单元。每一个网格单元在高校思政课教学过程中承担着各自的任务和功能，但是它们又是互相合作、互相联系的。

总之，在推进高校思政课教学模式网格化改革中，既要发挥网格单元的作用，又要整合各网格单元的资源与力量，发挥它们相互合作的作用，共同推进思政课教学的顺利进行，使其真正发挥思政课教学在培养学生思想道德素质与综合能力方面的作用，从而促进思政课教学实效性的提升。

（三）推进教学模式立体化改革

当前，在高校思政课教学模式改革过程中，各高校在实践中形成了各具特色的教学模式。常用的教学模式有案例式教学模式、启发式教学模式、讨论式教学模式、专题式教学模式、参与合作式教学模式、问题探究式教学模式、互动式教学模式、情景式教学模式等。可以说当前每种教学模式都很好地促进了高校思政课教学实效性的提升，有利于提高高校思政课的教学质量。但随着全球化和信息化的迅猛发展，单一的教学模式已经难以应对各种社会思潮对学生价值观的影响，教师的权威也受到冲击，而且当代高校学生大多是"00 后"，他们在生理和心理上逐渐成熟，在现实生活中，他们已经是独立的个体。他们的"思想和行为都受到多角度多层次的社会关系的制约，会受到主客观多种因素的影响；因此，需要教师从多角度、多层次对学生的思想和行为，对各种思政教育的现象和问题进综合分析，不能将复杂的人、复杂的现象简单化"。另一方面，高校思政课教学要实现"两个转化"，即要实现教材体系转化为教学体系、教学体系转化为学生的知识体系和信仰体系。因此，高校思政课教学单靠课堂教学模式是无法完成教学任务的，需要将教学从课堂教学延伸到实践教学、网络教学，从而推进教学模式立体化改革。

推进高校思政课教学模式立体化改革不是简单地将一两种教学模式进行堆砌、组合，而是"根据高校思政课教学特点、规律和教学目标，坚持以人为本，以学生为主体，集合思想政治教学资源，形成将课堂理论教学、实验教学、实践教学、网络教学的全方位、多层次和网络化融为一体的教学综合体系"。为此，在推进高校思政课教学模式立体化改革过程中，相关部门首先要具备立体化的思维。思路决定出路，在思政课教学目标、教学内容、教学方式、教学评价等方面都要有立体化的思维，突破传统的理论传授的思维定式，树立素养导向教学、课题导向教学和合作导向教学思维，注重培养学生的综合能力。高校思政教学模式立体化改革在教学内容上也要实现立体化。高校思政课教学内容是以传播理论体系为主线，但是由于时代的发展和社会形势的变化，其教学内容也需要与时俱进，要在对学生进行世界观教育、人生观教育、政治观教育、法治观教育、道德观教育等方面与最新的理论成果相结合，紧跟国家发展，融入时代气息。这样才能保持教学内容的严肃性和生活化，使学生对教学内容有一个立体化的认识。

总之，随着当前高校思政课教学模式改革的时代要求和教学规律的发展，高校需要从课堂教学、实践教学和网络教学入手，进一步推进高校思政课教学立体化改革，进一步增强思政课的感染力和吸引力，促进思政课教学从教材体系向行为体系的转变。

第四节 高校思政课程教学模式创新

2019 年，中共中央办公厅、国务院办公厅印发了《关于深化新时代学校思想政治理论课改革创新的若干意见》，强调思政课改革创新必须坚持以下几项原则："一是坚持党对思政课建设的全面领导，把加强和改进思政课建设摆在突出位置。二是坚持思政课建设与党的创新理论武装同步推进，全面推动习近平新时代中国特色社会主义思想进教材进课堂进学生头脑，把社会主义核心价值观贯穿国民教育全过程。三是坚持守正和创新相统一，落实新时代思政课改革创新要求，不断增强思政课的思想性、理论性和亲和力、针对性。四是坚持思政课在课程体系中的政治引领和价值引领作用，统筹大中小学思政课一体化建设，推动各类课程与思政课建设形成协同效应。五是坚持培养高素质专业化思政课教师队伍，积极为这支队伍的成长发展搭建平台、创造条件。六是坚持问题导向和目标导向相结合，注重推动思政课建设内涵式发展，全面提升学生思想政治理论素养，实现知、情、意、行的统一。"

当前，我国正处于中国特色社会主义新时代，高校思政课程建设也进入新时代。面对我国新的发展情况，特别是新时代对思政课提出的新要求，高校思政课教学需要遵循社会发展规律、思政工作规律、教书育人规律和学生成长规律；继承与发展传统教学模式的合理成分，不断改进创新当前的教学模式，提高思政课教学质量和水平，增强思政课的亲和力和吸引力。因此，高校思政课教学模式创新既不是对传统课教学模式的全盘否定，也不是对网络教学的全盘接受，而是应以"课堂教学"为主阵地、主渠道，以"实践教学"为延伸，以"网络教学"为辅助手段，充分发挥各自的教学优势，形成思政课的教学合力，构建一种新的多元立体化的教学模式，营造一个全新的思政课教学生态环境，培养一批担当民族复兴大任的时代新人。

一、以"课堂教学"为主，坚守主渠道主、阵地地位

课堂教学不仅是思政课教学的主渠道、主阵地，还是一切教育教学的主渠道、主阵地。因此，在开展教育教学活动创新尤其是教学模式改革创新时，首先要以课堂教学为主，坚守课堂教学的主渠道、主阵地的地位。高校要高度重视高校思政课课堂教学，课堂是高校思政课教学的主阵地，是教师和学生直接联系的场所；打好提高思政课教学质量的攻坚战，主阵地在课堂。在课堂教学中，要改变以往教师"一言堂"的现象，注重学生的全面自由发展，体现学生的主体地位。教师要多用通俗易懂的语言、生动鲜活的事例、新颖活泼的形式，引导学生自主思考，活跃课堂气氛，增强教学效果。只有确保课堂教学有质量、有效果，真正发挥教师的主导作用和学生的主体作用，教学改革才有实效。

（一）赋予课堂教学内容时代特色

思政课教学要"因时而进""因势而新"。思政课要坚持在改进中加强，其核心是教学内容与时俱进。无论是什么形式的改革，其核心是内容改革，其他的改革都要服务于内容。所以，教学模式改革的首要任务就是教学内容的与时俱进，在适当的时机设计适当的教学内容。赋予思政课教学内容的时代特色，突出特点是创新，要有新的拓展、新的补充和新的内涵。在确保基本理论内容不变的情况下，在教材的编写上体现最新理论成果，习近平新时代中国特色社会主义思想进教材、进课堂、进师生头脑。为了真正实现从"教材"到"教学"的转变，教师在课堂讲授中除了向学生们传授课本基础知识外，还应结合当代"00后"高校学

生对新鲜事物感兴趣的特点，不断增加新的、有益于学生全面发展的教学内容，贴近学生，贴近实际，贴近生活。因此，思政课教师应联系最新的时事热点内容，引导学生正确认识世界和国内发展大势，通过国内发展与国际比较，正确认识时代责任，以及树立远大抱负和脚踏实地的精神。教师以讨论的形式和学生一起学习、研究、探讨，在这过程中加深学生对所学知识的理解，同时也会带给他们全新的知识信息体验，拓宽其理论视野。当高校学生对这些富有时代特色的内容感兴趣、愿意听、愿意学，则说明他们在思想上认同这门课程，真正使教学内容"入耳、入脑、入心"，切实提高思政课的实效性。

（二）灵活运用多种教学方式

高校必修的思政课包括"思想道德与法治""中国近现代史纲要""马克思主义基本原理概论"和"毛泽东思想和中国特色社会主义理论体系概论""习近平新时代中国特色社会主义思想概论""形势与政策"等六门课程，民族院校、民族地区高校把《中华民族共同体概论》纳入为必修课程，其他院校这门课程开设为选修课程。每门课都有其特点，其多样性、灵活性的外在形式与确定性、规范性的内在要求相结合是思政课进行教学方法改革的总体要求。叶圣陶先生说过："教亦多术矣，运用在乎人，孰善孰寡效，贵能验诸身。"在思政课教学中如何根据课程特点采用合适的教学方法，这需要每位教师进行思考。传统的思政课课堂教学虽便于系统知识的传授，方便教师把控整个教学活动，但大多采用"教师讲，学生听"的单向灌输式讲授方式，师生、生生之间的沟通交流非常少；虽然有时教师组织了一些讨论、答疑解惑等课堂互动，但仅仅是针对极其少数学生，在大班教学的情况下，很难开展全面的课堂互动活动。这就造成课堂教学效果低下，学生厌烦思政课，处于被动学习的状态，无法达到答疑解惑和价值观引导的教学目的。因此，在"微时代"，需要将传统教学模式和新型移动教学平台综合运用，采用多种教学方式，如微课、专题式、研究式、互动式、翻转课堂等，真正使课堂气氛活起来。目前，各高校对思政课的关注度逐渐提升，高校思政课教师采用的教学方式多种多样。例如，吉林大学通过思政课平台，使思政精神"进讲义、进课堂、进头脑"，吉林大学的 2 万多名学生在学习了 260 多节思政课后，对思政理论有了进一步的理解。北京工业大学的思政课借助智慧课堂系统，在课堂教学中因势利导，主动将手机引入课堂。学生通过手机进行签到、扫码答题，并分享自己的观点，教师则根据学生的答题情况，及时解答学生的问题，实时了解学生需求，这有效解决了思政课堂的"到课率""参与率""抬头率"低的问题。又如上海外国语大学将外语教学与思政课教学相结合，有效地解决了两门课"两张皮"的问题；还有北京理工大学的虚拟仿真实验室，通过虚拟现实技术，将学生带入各种不同的场景，如历史事件现场、党史红色基地等，学生可以身临其境地感受历史的沧桑和党的奋斗历程，更好地学习思政课内容。

（三）发挥"名人效应"作用

新时代背景下的高校思政课课堂已不再是思政课教师独有的舞台，各学科的名师和高校领导等登上思政课讲台，进行讲学。例如，在北京大学的思政课上，钱乘旦、厉以宁、潘维、楼宇烈、袁明等众多深受学生欢迎的教授走上思政讲台，为学生传道解惑。名师和学者用他们自身的魅力给高校学生带来了思政盛宴，为学生上了一堂有深度、有内涵、有温度、有情怀的思政课，为高校学生树立了榜样。另外，为了让广大学生领略不一样的授课方式，不同专业的教师也纷纷登上思政课的讲台。例如，重庆大学的思政课，由于其是以专题的形式来进行授课，因此每个主题的授课教师都不同；授课教师教学经验丰富，大大提高了学生学习思政课的兴趣。

二、以"实践教学"为延伸，实现教学的知行合一

"纸上得来终觉浅，绝知此事要躬行。"课堂教学作为思政课的主渠道、主阵地的地位没有变，但是为检验课堂教学的效果，应以实践教学为延伸，用实践验证课堂教学的效果，实现思政课教学知行合一的目标。思政课教学模式的创新也应从实践出发，用实践检验理论知识。思政课实践教学指学校、课堂、社会有机

结合，通过一系列的实践活动，由教师主导，学生主动参与；学生在实践活动中加深对所学知识的理解，达到解决实际问题的目的，培养学生的创新、组织、思辨、沟通、写作等综合实践能力的一种教学方式。这是一个从实践出发，由感性认识上升到理性认识，再由理性认识指导实践活动的过程。思政课实践教学是一项涉及面非常广的系统工程，需要全社会的重视和学校各部门的配合，以及人力、财力、物力的支持等。因此，不可避免地存在着一些问题，如有的高校实践教学的安排不规范、存在形式主义；有的高校实践教学形式比较单调，难以吸引学生，创新思政课实践教学要克服以上困难，对症下药。教师要引导和鼓励高校学生走出课堂、深入社会；学生通过对社会现实生活的广泛参与和体验，感受当今我国社会发生的变化，增强社会责任感，真正实现思政课教学的知行合一。

（一）整合优化实践教学资源，为知行合一创造条件

教学资源是为教学的有效开展提供素材等各种可利用的条件。2018 年，教育部在《新时代高校思想政治理论课教学工作基本要求》中提出了要制定实践教学大纲，整合实践教学资源，拓展实践教学形式，注重实践教学效果等要求。思政课实践资源具有时代特色、人文特色、区域特色等。每个高校的实践资源由于其所处的地域和文化不同，而存在较大差异。推动思政课实践教学创新的首要任务就是对高校所处的实践教学资源进行整合优化，全面了解和客观评估学校所在地的教育资源优势，为实现思政课教学的知行合一创造条件。这些丰富的实践教学资源既有先进典型人物故居，又有名人故里，或革命遗址、纪念馆、烈士陵园等具有重要意义的实践教学资源，如广东的深圳特区、浙江的嘉兴南湖红船、湖南韶山、上海"一大"会址、重庆的渣滓洞和烈士墓、福建的古田会议旧址、江西的井冈山、贵州的遵义会议旧址、广西的百色起义指挥部旧址等。这些教学资源体现了党和人民艰苦奋斗和创业的优良品质，为思政课实践教学提供了第一手资料，这是课堂教学所无法比拟的。因此，高校有必要对这些实践资源进行分类归纳，整合优化，然后再根据实践资源的具体情况开展有针对性的实践活动。高校之间应加强合作交流，相互利用这些教学资源，互利共赢，实现实践教学资源共

建共享，为思政课教学的知行合一创造条件。

（二）丰富实践教学形式，提高学生学习的主动性

在开展思政课实践教学时，还应丰富思政课实践教学形式，进而增强高校学生学习的主动性、深度性。在开展多样化的实践教学活动中，可以让学生主动地进行思考和学习，在解决问题时更加有自己的主见；并且在主动探索过程中，学生的思想也会发生很大的变化，敢于探索和怀疑，用批判性的思维挖掘其所学知识的潜在价值。实践教学既可以在课堂上进行实践教学，也可以在校园或社会进行实践教学。课堂实践教学包括讲座、演讲、小组讨论、学生讲课、案例分析、情景剧表演等；校园实践教学包括微电影、知识竞赛活动、辩论赛、社团活动、读书活动、征文比赛、书法、摄影展、小品、诗歌朗诵、相声、歌曲改编等活动形式；社会实践教学包括教师组织学生参观红色革命圣地、博物馆、纪念馆、文化展览馆、工厂、社区、农村，以及开展志愿服务、社会调研、寒暑假社区实践活动等。在活动结束后学生撰写心得体会、调研报告、研究论文，用所学知识分析社会现象。高校学生站在时代最前沿，接触最新的理念、思考新的问题、创造新的方法，而且他们的动手能力强、能够积极主动参与各类活动，在参与活动的过程中也提高了他们的组织、沟通、创新等能力。因此，丰富的思政课实践教学形式有利于提高高校学生学习思政课的主动性，从而提高思政课教学效果。通过多样化的实践教学形式，高校学生积极参与思政课，成为思政课的创作者，在各种活动中找到归属感，改变以往被动学习思政课的状态，增强学习思政课的主动性。

（三）学校各部门齐抓共管，为实现知行合一提供保障

思政课实践教学的系统性强，工程量大，具有"三多"的特点，即参与人数多、运行环节多、涉及部门多，这需要学校各教学单位和管理部门的共同配合。从实践主题的确定、地点形式的选择、师生安全、实践材料的收集整理、实践问题的分析、实践报告的撰写、实践经验的总结等，都需要学校各部门的协调配合、认真研究和精心组织。缺少任何一个环节，对思政课实践活动的效果都会有影响。

因此，思政课实践教学的有序展开，单靠思政课任课教师是很难完成的，其需要得到学校相关部门的配合与支持，为实现思政课教学的知行合一提供保障。建立以学校主要领导为核心，行政部门、相关学院及单位协调配合，共同参与的全校性机制，齐抓共管，协同创新，形成教学合力。学校应积极号召全体思政课教师，走出课堂，更好地协助学生进行社会实践活动；对社会实践活动的各类成果进行评选，并及时奖励优秀的社会实践成果，以此激励广大师生参与思政课的社会实践。与此同时，高校成立思政课实践教学指导小组，专门解决师生在实践教学中遇到的问题，如活动时间、地点的选择、活动经费、人员安排、安全保障等。总之，要合理利用校内外的一切人力、物力资源，协调校内各部门的力量，整合实践教学资源，分工协作、共同努力，最终实现实践育人的教学目标。

三、以"网络教学"为辅助，紧跟时代发展潮流

"网络教学"指学校以计算机网络为主要手段进行教学。这是远程教学的一种重要形式，是利用计算机设备和互联网技术对学生实行信息化教育的教学模式。一切事物都处于变化发展之中，思政课的教学也是如此。在教育信息化时代下，创新思政课教学模式，理应以"网络教学"为辅助手段，顺应信息化的新媒体环境，以及顺应"00"后的高校学生的个性特点和认知判断，紧跟时代发展潮流。目前，各高校在努力探索网络教学的新方式，运用慕课、微课、翻转课堂等开展教学。另外，利用网络、多媒体等现代化教学工具，尤其是利用师生使用率极高的手机 App，如微信、微博等；一些思政课的微信公众号也应运而生，如清华大学的"雨课堂"、北京师范大学的"木铎思享"、中国人民大学的"别笑，我是思修课"、华东师范大学的云课堂、南京师范大学的 Blackboard 平台、东华大学的"易课堂"等。

例如，易班是教育部主推的网络教学产品，是为了实现高校的教学管理而定制的一款网络新媒体。易班集电脑端、微信端、手机 App 于一体，实名认证，使用方便。易班为高校开展网络思政教育工作搭建了一个安全可靠、立体多维的沟

通平台，为思政教学开辟了新的途径。易班以教学资源丰富、互动性强、注重学生的个性化教育等优势，使思政课的"网络教学"具有现实可行性；有力地配合了思政课"课堂教学"与"实践教学"，形成多元立体的教学模式，从而提高教学效果。下文以"易班"为例，讨论"网络教学"辅助思政课教学的方式。

在易班开平台展思政课"网络教学"可从以下几方面着手：

（一）加强易班思政课教师队伍专业化建设

教育部明确指出提高高等学校思政课教学质量和水平的关键在教师。党和国家的相关文件提出要大力提升教师的思想政治素质，全面加强师德师风建设，大力发展教师教育，不断提升教师专业素质能力等。这也意味着教师队伍建设"极端重要性"的战略地位成为教育界的共识，加强和改进教师师德师风建设成为一项刻不容缓的任务。新时代知识获取方式和传授方式、教和学的关系都发生了革命性变化。思政课教师只有具备过硬的思想政治素质、业务水平、道德修养，掌握思政基本原理和理论，才能胜任思政课的教学工作；通过言传身教，教师在思想上、政治上促进高校学生的健康发展。因此，在运用易班开展教学，对易班思政课教师队伍的整体素质要求更加严格。易班思政课教师既要有过硬的学识、品质、能力，又要熟悉运用易班开展教学工作。当前思政课教师队伍中，"60后""70后"教师具备丰富的教学经验，但对网络技术的还不熟悉；"80后""90后"教师可以很好地利用易班开展教学，但是他们的教学经验、教学水平有待提高。因此，为了提高易班思政课教师队伍的整体质量和教学水平，可从以下几个方面入手：

首先，"60后""70后"教师应转变教学方式，不定期地参加易班相关技术的培训，熟悉基本操作、常用软件的运用，以及开展易班教学方式方法等。因为，他们对基本理论已有了全面的掌握，有着丰富的教学经验，已经积累了大量的教学资料、教学案例。所以，在信息化时代要想激发学生学习的动机、兴趣，就要转变教学方式，用学生最容易接受的方式展开教学。因此，"60后""70后"的思政课教师可以把自己多年来积累的教学资料分类整理后上传到易班，并制作在线教学视频。

其次，"80后""90后"教师应加强自身的专业素养，研读经典著作，重点加强对马克思主义立场观点方法的学习，树立正确的世界观、人生观、价值观，提高马克思主义理论素养。虽然"80后""90后"能熟练运用易班平台，但还需具有扎实的理论基础，全面的专业知识体系和先进的教学理念。思政课是一门理论性极强的课程，教师是否讲得透彻和学生是否听得懂在很大程度上决定了思政课的教学效果是否有效；还要充分发挥思政课助教的作用，有效整合助教力量。高校助教通常是在校研究生，他们的学习能力较强、知识结构合理、协作交流能力强、具有较高的研究能力等；高校助教也是网络信息时代的追随者，他们能够熟悉运用易班平台开展工作。因此，他们可以很好地协助任课教师，成为教师教学的好帮手和学生的好朋友；协助教师编写教学大纲、批改作业、答疑解惑、组织课堂讨论、课后与学生交流沟通等。

（二）充分利用易班平台功能开展个性化教育

易班平台是两大慕课平台（易班大学、易班学院）+核心"课群"+移动学习的教学管理系统，同时适用于慕课和私播课这两种应用场景，适合这两种类型的教学模式。易班平台内容丰富多彩，两大慕课平台即易班大学、易班学院为思政课网络教学提供了丰富的教学资源。

易班学院聚合了共建高校的优质思政课、社会主义核心价值观、传统文化、新生入学教育及前辈教育等课程；易班大学则聚集了国内顶尖培训机构提供的免费的高校学生职前教育，如职业素养、语言学习、IT技能、生活兴趣、资格认证及学历教育等。其课程数量超过8 000多部，而且有很多共建高校自建的共享课程，其课程内容不断更新，真正实现课程教学内容共建共享；核心"课群"系统则打造了"资源+工具+服务"的"易班在线教育一体化服务方案"，方便高校师生开展形式多样的思政课网络教学；移动学习则打破了教学的时空限制，师生或生生之间可以随时随地进行互动，为开展个性化教育提供了可能。

运用易班平台功能进行思政课的网络教学，进而实现学生的个性化教育时，要做到以下几点：首先，思政课教师要学会熟悉运用易班平台的核心教学系统，即"课群"系统，通过"课群"系统功能（包括课群话题、课群课程、学习资料、在线考试、在线作业、课群投票、在线测评、求职和成绩管理等）建立网上班级，本班同学只需通过课群邀请码即可加入，教学互动变得更加灵活高效。还有线下期末考试环节，将线上和线下教学有效结合；在"课群话题"板块进行每个章节的交流答疑，用"在线考试"板块进行每个章节的测试，使用"在线作业"板块进行实践、主观题回答的任务，并采用大规模的学生"五五互评"来进行考评。这种思政课网络教学模式吸引了学生的注意力，用学生喜闻乐见的方式开展教学；学生有效地参与到思政课的网络教学中。

（三）完善易班教学评价和教学激励机制

为了提高思政课教学效果，应完善易班教学评价和教学激励机制，激发教师的教学热情和学生学习的积极性、主动性，从而使教育信息化时代的思政课活起来。

教学评价是检验思政课教学效果的重要途径，开展教学评价有助于了解思政课的教学现状，以及学生对思政课教学效果的反馈，及时把握思政课教学实效性的发展态势。易班作为教育信息化时代的教学新技术和思政课教学的网络平台，从产生到被师生接受认可，还有很长的路要走。因此，思政课教师运用易班开展教学需要及时进行教学评价，以便及时发现问题，改进教学方法，增强学生对思政课的认同。具体来说，高校应建立学生评教、同行评教、领导评教、督导评教、教师评学，以及新闻媒介的教学评价机制。

教学激励是广大师生前进的动力，思政课教学效果的提升也需要一定的激励。在运用易班开展教学时，一是要完善对教师的激励机制。教师作为思政课教学的中坚力量，是提高思政课教学质量和水平的关键所在。在易班平台进行教学时，采用何种教学方法和是否达到效果，与教师有很大的关系。在对教师的工作进行评价时，应将任课教师在易班的教学情况和教学效果（如网上班级学生注册率、教学资源丰富度、在线指导次数、人气指数等）进行综合评价，并纳入评奖评优、职称评定、绩效考核体系。对表现突出的教师进行表彰，如易班"最受欢迎奖""最佳教学奖""综合实力奖"等，以此激励思政课教师积极运用易班平台，不断创新教学方法。二是完善对学生的激励机制。学生作为易班思政课教学过程中的学习主体，对教学效果有直接的影响。在各环节充分体现出课堂教学、实践教学和网络教学的有效结合，有效地调动学生参加思政课的积极性和主动性，突出理论知识学习与实践教学活动相结合的特色，实现"互联网+教育"的目标。

第八章　高校思政课程评价建设

第一节　高校课程评价概述

一、课程评价的含义

（一）评价

评价发展的不同时期人们对评价的理解不同。有人把评价等同于测验，而有人认为两者有本质区别。

20 世纪 60 年代以前，人们普遍认为评价就是对课程和教学活动的结果与预定教育目标相符合的程度进行描述，其标准就是预定的、详细说明的课程目标，其相关的价值取向问题则在评价活动的考虑之外。例如，"课程评价之父"泰勒认为，评价就是对课程目标实际达成程度的描述。在这里，评价不直接涉及价值问题。

20 世纪 60 年代以后，价值问题在评价领域凸显。人们提出，纯粹价值中立的描述是不存在的。评价作为"人类的一种特殊认识活动，即揭示世界（个人、社会、自然）的价值，构建价值世界的认识活动"。它不是一个纯技术性的活动，不是对现象的客观描述而是对被评价对象的价值或者特点作出判断。由此，人们把评价的重点放在价值问题上。例如，评价开始考虑课程或教学计划代表着什么样的价值观（是社会适应论还是超越论），这种价值观为谁所有（是政府还是某一社会阶层），这种价值观是不是符合学生的需要，应如何看待评价中的价值问题，等等。由于这种转变，评价的定义发生了变化，如美国"教育评价标准联合委员会"在 1981 年对"评价"的定义是：评价就对某一对象（方案、设计或者内容）的价值或优点所作的系统探查。

20 世纪 80 年代以来，随着质性评价逐渐兴起，评价领域出现了价值多元化的趋势。评价标准的确立不再依赖某一团体或阶层的价值观，而是要在评价有关各方的交往互动中，在多种价值观的碰撞融通中寻求各方都能接受的多元性标准。目前，我国学界对评价的看法是，评价是"评定价值"的简称。评价是一种价值判断活动，是对客体满足主体需要程度的判断，是一个确认和收集信息，以帮助决策者创建和传递课程，选择多种行动路线的过程。

需要指出的是，在分析评价定义时，有必要界定价值与优点。这两者是有区别的：优点指计划或课程达到了想要达到的目标；但是如果想要达到的目标并不是现实所需要的，那就可能不是有价值的。具有优点的方案不一定有价值，没有优点的方案不可能具有价值。可以说，价值是评价对象相对于外部需求的满足而言的，而优点主要是相对评价对象内部而言的。评价的定义虽然应该二者兼顾，但前者更为重要。因为，一个事物或事件即使优点再突出，如果不能满足主体某方面的需求，不能对其完善或者改进方面有益，意义也不大。

（二）对课程评价的界定

对课程评价的界定与人们对"课程"的看法或观点即课程观有关，有什么样的课程观也就有什么样的课程评价观。如果课程指某个文件，如内容、范围和序列或者教学大纲，那么课程评价就可能意味着对这种文件价值的判断；如果课程指的是学生的经验，课程评价就可能意味着是对提供给学生教育经验价值的判断；如果课程定义为学习目标，课程评价就可能指对教育过程实际结果的判断。

国外有学者认为，课程评价指的是研究一门课程某些方面或者全部价值的过程；课程评价是一种描述、获取和提供有用信息，以供作出决定和判断课程优点或价值的过程。课程评价是一种评估学习方案、学习领域或学习课程的优点或者价值的过程；课程评价是指就各个层次的课程判断其价值，指出其缺陷或困难所在，以作出行动的决定。我国学界对课程评价定义的表述也不尽相同，其基本观点有：将课程评价看作对课程的计划、编制及实施过程的价值评判活动，如课程评价是"依据课程的实施可能性、有效性及其教育价值，可以作出价值判断的'证据的收集与提供'"；"课程评价是指研究课程价值的过程，是由那些判断课程在改进学生学习方面的价值的活动构成的"；"课程评价是指收集并提供论据以判定课程实施的可能性效用性和教育价值的过程"。

本文对课程评价的定义是："所谓课程评价，就是以一定的方法、途径对课程的计划、活动以及结果等有关问题的价值或特点作出判断的过程。"

二、课程评价的产生和发展

（一）测验与测量时期

测验与测量时期是第一代评价时期，它盛行于 19 世纪末到 20 世纪 30 年代。这一代课程评价认为，评价在本质上是以测验或测量的方式测定学生对知识的记忆状况或某项特质。

20 世纪初，随着自然科学的发展，各种统计、测量技术得到长足发展，一批教育学家、心理学家开始把这些技术运用到教育领域，如英国遗传学家、心理学家高尔顿的《英国科学家：他们的禀赋与教养》，法国的"比奈-西蒙智力量表"，德国冯特的实验心理研究成果和美国桑代克的《心理及社会测量理论》都相继问世，各种智力的、学业成就的、人格的测验工具也随之涌现。这一切都为评价的正规化、系统化创造了条件。同时，"一战"后发展到顶点的工商业的"科学管理运动"也对学校教育产生了深刻影响，"学校被视为工厂""学生被视为原料和产品""教师成为加工者"。学生这一"产品"是否符合需要，教师教学有何成效，学校教育是否成功，似乎都可以通过"测量"来检验。这显然为评价的发展提供了可观的社会需要，评价由此而兴起。

这一代评价的基本特点是评价就是测量，评价者的工作就是测量技术员的工作——选择测量工具，组织测量，提供测量数据。因此，这一评价时期也被称为"测验"和"测量"时期。

（二）描述时期

第二代评价是在 20 世纪 30 年代伴随"八年研究"而兴起的，一直持续到 20 世纪 50 年代。这一代评价认为，评价在本质上是"描述"，描述教育结果与教育目标相一致的程度。

20 世纪 30 年代，美国完成初等教育的人数激增，但是经济大萧条又使大批青年找不到工作而无处可去，只好到中学注册学习。中等教育因而急剧膨胀，原有的中等教育目标、课程、评价标准都受到前所未有的挑战。由进步教育协会主持的"八年研究"就是面对这些挑战并回答如下问题：除了学术性课程，中学是否还应该增加其他课程，从而适应那些完成中等教育后并不打算进一步接受高等教育的学生的需要；增加了其他课程是否会降低中等教育的教育质量，进而影响高等教育的质量；等等。作为一项课程实验，"八年研究"无疑是成功的，泰勒对此有过全面论述。此外，它还特别推动了课程评价领域的发展。以前，如果要对教育计划或程序的结果进行客观评估，就要根据学生在成绩测验中的表现作出判断，而成绩测验通常是测量简单的技能和对信息的回忆，并用一个分数概括地报告结果。"八年研究"提出，教师在一项课程实施中应寻求几项教育目标，问卷、观察、产品样本和测验，都可以评估学生在每个主要目标上的进展情况。作为"八年研究"的评价组主任，泰勒曾指出，评价应该是一个过程，而不仅仅是一两个测验。评价过程中不仅要报告学生的成绩，更要描述教育结果与教育目标的一致程度，从而发现问题，改进课程教材和教育教学的方案、方法。在泰勒的影响下，美、英等国提出了诸多针对评价而设计的教育目标体系，其中以泰勒亲自参与并指导的布卢姆的教育目标分类学的影响最为深广。布卢姆等人明确指出，制定教育目标是为了便于客观评价，而不是表述理想的愿望。事实上，只有具体的、外显的行为目标才是可测量的。布卢姆等人曾用公式来表示：目标=行为=评价技术=测量问题。由此，泰勒原理与布卢姆的教育目标分类学一起广为传播，成为一项国际性的普及理论。

泰勒的成就和观点在评价领域产生了巨大影响，形成了一个以"描述"为标志的评价时代。"评价"一词取代了"考试"和"测验"这两个术语，对学生的考查不再仅仅是依据事实性知识和基本技能的掌握程度。第二代评价的基本特点是：评价过程是将教育结果与预定教育目标相对照的过程，是根据预定教育目标对教育结果进行客观描述的过程；评价的关键是确定清晰、可操作的行为目标；评价不等于"考试"和"测验"，尽管"考试"和"测验"可以成为评价的一部分。与第一代评价相比，第二代评价使评价走上了科学化的历程。

（三）判断时期

判断时期属于第三代评价，它萌生于 1957 年以后美国因苏联卫星上天而兴起的教育改革，持续到 20 世纪 70 年代。这一代评价认为，评价在本质上是"判断"。这一时期，人们开始关心一个问题，即对已经确定的目标，是否需要评价，是否需要价值判断。由此延伸，专家又激烈地讨论了判断是否应成为评价的一项基本活动，判断是否需要标准，如果需要标准，是否建立科学、客观的"价值中立"标准。

这个时期的代表人物有艾斯纳、斯克瑞文、斯塔克等。例如，艾斯纳认为，"凡是内容、活动、目标、顺序或呈现方式、反应方式，都必须考虑各种抉择，评价各种计划的用途……评价就是要对某些计划方案的优劣进行价值评估。评价的主要问题在于挑选时的集中点、复杂性和综合性"。斯克瑞文也认为，评价是一种方法上的活动，它是根据一组加权的目标标准收集和综合有关的现象资料，以形成比较的或价值的判断，并说明资料收集方式、加权数和目标选择的合理程度。斯塔克把评价看作既有描述又有判断的活动。他们还提出了反映各自价值取向的评价模式。

第三代评价的基本特点是把评价视为价值判断的过程，评价不只是根据预定目标对结果的描述，预定目标本身也需要进行价值判断；既然目标并非评价的固定不变的标准，那么评价就应该走出预定目标的限制，过程本身的价值也应当是评价的有机构成。这样看来，第三代评价是对第二代评价的重要超越，它走出了第二代评价"价值中立"的误区，确认了价值判断是评价的本质，确认了评价的过程性。许多新的评价理念，如"形成性评价""目标游离评价""内在评价"等均在这一阶段产生。

（四）建构时期

建构时期的到来是与质性评价方法的应用联系在一起的。20世纪60年代末到70年代初，随着对课程改革运动的深刻反省，传统的评价方式也受到猛烈冲击，在对前三代评价加以批判的基础上，学者们开创出一代新的评价理念，即古巴和林肯所谓的第四代评价。

1.对前三代评价的总结和批判

上述三代评价，尽管每一代都力图克服上一代的缺陷，使之更加符合时代对评价的新要求，但总的来说，它们还存在着严重的缺陷和问题。古巴和林肯对此作了总结和批判：一是"管理主义倾向"。在上述三代评价理论和评价活动中，教育管理者和评价者的关系是不公平的。管理者掌握着决策权，他们通过提供资助控制着评价，决定着评价的对象、范围和任务，评价者处于无权地位。这种关系导致在评价活动中，管理者一定是无过失的，他们用各种办法保护自己不受损害，评价者则保证使用管理者认可的方法换取合同的兑现，保证其经济收入，其他与评价有利益关系的人更无法在评价中阐述自己的见解，维护自己的利益。二是"忽视价值的多元性"。美国的价值观是建立在所谓的"文化大熔炉"的基础上，人们逐渐意识到"社会在根本上是价值多元化的"，由于价值多元性的存在，人们就会问："这一教育评价是谁作的？""是为谁作的？"这样，受到伤害的被评价者就会采取不合作态度，"客观的"评价结果也就难以被具有其他文化背景和价值观的人所接受。那么，希望通过评价来改进课程、教学的愿望也就落空。三是"过分依赖科学范式"。"人类的所有活动，多少都具有价值的成分，即使是自然科学也不例外。"因此，价值问题是无法回避的。评价者模仿自然科学中的实证探究方法，逃避评价者的道德职责，追求评价的客观性、中立性是有害无益的。他们过分依赖"数的测量"而忽视"质"的探究，忘记了"科学方法""实证技术"只是人类认识、评价事物的一类方法，而不是全部。四是实证科学的范式"强化和支持着管理主义"。在管理主义支配下，资料数据虽然是评价者用实证科学、数量化的方式获得的，但却是评价者首先按照管理者规定的要求和范围，然后采用实证方法获得的。这一点常被人们忽视。

2.以"共同建构"为特征的第四代评价

第四代评价理论认为，评价在本质上是一种通过"协商"而形成的"心理建构"，因此评价应该坚持"价值多元性"的理念，反对"管理主义倾向"。他们首先采用斯塔克"回应性的聚焦方式"的思想，作为评价的出发点。斯塔克认为，传统的评价模式是"预定式的评价"，即先陈述目标，再根据目标搜集资料，并对目标和结果之间的差距或一致性加以报告。这种评价难以反映课程方案本身的合理程度和变化，学生在目标之外的感受，各方面人士对目标和课程实施等方面的不同观点等，而且教育的价值有时是扩散的，潜在的，有时又是内在的。这些也都难以用事先确定的目标一一查对。斯塔克还认为，评价的意义在于服务，为了使评价有利于服务对象，评价者就应该首先关注服务对象关注的问题、兴趣和焦点。因此，他提出一个以"回应"服务对象为起点的评价模式，即评价界所称的"回应模式"。第四代评价模式为了打破以往评价中的"管理主义倾向"，采取了"回应模式"。

第四代评价的基本特点是把评价视为评价者和被评价者"协商"进行的共同心理建构过程；评价是受"多元主义"价值观支配的；评价是一种民主协商、主体参与的过程而非评价者对被评价者的控制过程；学生（被评价者）也是评价的参与者、评价的主体；评价的基本方法是质性研究。

第四代评价鲜明旗帜地突出了评价中的价值问题，从而冲破了评价领域中长期以来所寻求的"客观性""科学性"迷雾，使评价的理念发生了质的飞跃。在过去，大多数评价专家所追求的是评价在过程、手段以及结果上的客观科学化。这在某一个方面是有积极意义的，但把它强调到极端，就会导致忽略评价的价值特性，造成评价中的不合理现象，致使人们对评价失去信心。第四代评价意识到这个缺陷，首先探讨"评价是什么"，在确认评价价值本质的基础上探讨评价的方法、过程和结果，这在深层次上促进了评价理论的发展。它所倡导的"协商"式的"共同心理建构"，实质上是尊重每一个个体的主体性，并以此为前提寻求共识的达成。这反映了一种深刻的民主意识，极富时代精神。当然，第四代评价也只是一种建构，它本身并不完全排斥其他评价模式，应当视具体的评价任务，与其他的评价模式相互补充。目前，这种评价思想为越来越多的人所接受且在实践中得到广泛运用。

三、高校课程评价对象与方法

一般认为，课程评价的对象主要涉及课程评价的范围、评价的客体。在我国，有学者认为，课程评价应该既包括对课程标准、课程方案、教科书等的评价，也包括对教师教学的评价、师生相互作用形态的评价和学生素质的评价。也有学者认为，课程评价的对象除我国现有的教学大纲、师资、教材、设备，课程实施过程、实施效果外，还可增加课程目标、课程开发、课程管理，以及课程评价者等。钟启泉指出，课程评价的对象应为课程及任何与课程相关联的实体。这些实体包括学生、教师、教育管理人员、课程大纲、教材、教学计划、教学过程及有关机构，并将它们归结为"课程参与者"和"课程的要素"两类。学者的观点表明，课程评价范围应具有广泛性。同时，课程评价是一个动态的、发展的过程，而高校课程评价对象具有多重性和发展性，不能只重结果，忽视过程。例如，在进行评价时，应先诊断该评价对象现有的发展水平，然后对过程随时进行评价，发现问题并及时加以解决，作出形成性评价。最后对评价对象作一个总结性评价，将诊断性、形成性与总结性三种评价有机地结合起来。

对课程评价对象进行评价，须采取多样的评价方法。只有这样，才能使评价较为全面，才能使课程在不断反馈中逐步完善。每种评价方法各有其自身的长处和局限，各有其适应的范围，应根据评价的需要，采用不同的评价方法，更多的时候要注意多种方法的综合运用，把定性与定量、过程性评价与结果性评价、自我评价与他人评价的评价方法结合起来；把诊断性、形成性与总结性评价结合起来，扬长避短，从不同的侧面、不同的角度反映高校课程教学的实际，提高评价的科学性。

四、高校课程评价的特征

如果要把握课程评价的实质，更好地开展课程评价，促进课程评价理论与实践的发展，就必须研究、探讨和掌握课程评价的特性。课程评价的主要特征是社会性、包容性、多主体性和发展性。

（一）社会性

课程评价的目的是满足社会发展的需要，其结果要对所评价的课程标准、课程方案、教材等进行评价。课程评价既要遵循课程发展规律，又要考虑社会发展的需要、学生身心发展特点；无论是评价的目的、评价的过程，还是评价标准的制定、评价主体的确立，以及评价结果的运用都富有社会性。因此，课程评价是一种社会活动过程，具有明显的社会性。

（二）包容性

课程评价与一般的教育教学评价不同。一般的教育教学评价多用于考查学生的学业成绩，对思想品德方面的评价多采用鉴定或操行评语的评价方法；而课程评价除了评价学生学业和思想品德外，还要就课程标准、课程方案、教材以及与课程相关的诸多方面作出评价，在评价范围上比一般的教育教学评价要广。它不仅要评价课程本身的价值，还要就课程理论的发展作出判断；它不仅包括背景评价，还包括过程评价、结果评价和综合评价。在评价的方法、手段上也更为复杂，如测量、考试、统计、访谈、作品分析、调查、追踪、实地观察等。在评价的主体上，根据不同目的需要，又可以有自我评价、专家评价和行政评价。所以说课程评价具有较大的包容性。

（三）多主体性

参与课程评价的主体是广泛的。课程实施者，即教师自身是评价的主体，进行实施工作的自我总结与自我评价；课程理论工作者、课程决策与管理人员、学生、学生家长，甚至社区代表、行业企业的专家和技术人员等也都是评价的主体，可以参与课程评价。因此，课程评价具有多主体性。课程改革能否取得成功、是否产生影响，离不开多元评价主体的参与。

（四）发展性

课程评价的目的是在作出价值判断的基础上，更好地改善和发展课程。由于课程是随着社会的不断变化而发展的，课程评价在目标、内容、方法等方面同样也要不断地发展变化。另外，在一项具体的课程评价活动中，课程评价本身也要根据评价过程的实际情况不断地进行调整和变革。

季诚钧认为，课程评价的特性还取决于课程评价哲学。由谁决定课程评价的内容，数据如何搜集和分析，解释和判断数据的标准是什么，谁是最后评价结论的判断者等问题都涉及课程评价的特性。以往课程评价比较注重学生的学业成绩，而现在课程评价更多的是强调评价对象、主体与方法的多元化。通过课程评价，进行反思，促进课程质量的改善。

五、高校课程评价的类型与功能

（一）高校课程评价的类型

从不同维度进行分类，课程评价就有不同的类型。按照课程评价目的和职能的维度可分为以下几类：

1.初始性评价

在课程实施前，对所要开设课程的价值进行评价，判断实施的可行性和合理性。

2.形成性评价

在课程实施过程中，诊断出课程设计与实施中存在的问题，为正在实施的课程提供反馈信息，以调整、改善课程实施活动，缩小与目标之间的差距。这种评价着重于对课程进行决策，作出改进、制订计划等。

3.总结性评价

总结性评价与决策有关，在决策的指导下完成课程实施活动。这种评价的目的主要是了解课程实施的效果，进行选择和判断等。

4.综合性评价

综合性评价就是从多个角度、多个层面去说明课程的优劣。

除上述类型外，还有确定目标的评价、社会政治评价、响应评价、实验评价等等。这些类型的评价都可以用来评价高校课程，只是必须首先要明确使用的目的。

（二）高校课程评价的功能

课程评价不同于人事方面的评价和管理方面的评价。课程评价不单是学生对学习成绩的评估，而是与课程实施的实际水平、课程实施的实际状况、课程改革的方向联系在一起。有学者认为课程评价的主要功能和作用有以下几点：

（1）分析评价课程资源，为课程决策提供依据，引导课程改革的方向。课程改革非常复杂，不会一帆风顺，会遇到许多困难与波折。通过课程评价，发现课程改革中的问题，纠正改革中的偏差，减少改革中的失误，了解课程改革的需求，保证课程改革方向的正确。课程评价使人们清楚地看到课程改革的成果，认识课程改革的价值与意义，充满对改革的热情与信心，促进课程改革理论与实践水平的提高。

（2）诊断课程方案、教材与教学，促进改革的自我完善。通过对课程实施过程的分析和评价，确定课程实施的效果，诊断出课程存在的问题，找到改进课程的办法，及时作出合理的课程决策。

（3）发现课程研制中存在的问题，根据教育目的和课程计划的要求指导课程研制，为课程研制的改进提供依据。将课程实施所取得的效果与预设的目标进行比较，在目标设置、内容组织、教学实施，以及实际效果等方面对不同课程方案进行比较，从而找出最佳课程方案。

（4）为课程理论的研究和创新提供依据，增强课程理论研究的针对性和创新性；把课程评价、课程实施与课程改革三者联系起来，以推动课程评价的不断完善。

六、高校课程评价的基本模式

课程评价模式对课程实施、课程改革等作用与意义重大。只有深入地了解课程评价模式，才能在评价实践中更好地、更有效地运用评价模式，做好课程评价工作。在我国，学者比较关注的、具有代表性的课程评价模式主要有目标评价模式、表象评价模式、目标游离评价模式、CIPP 评价模式、发展性评价模式等五种。下面对这五种模式作简要的介绍：

（一）目标评价模式

在课程评价发展进程中，最早出现的、最完备的是目标评价模式。这一模式是以目标作为评价活动的核心与依据的概念和方法体系。20 世纪后半叶的评价模式大多是在对这一模式的借鉴与批判中发展起来的。这种模式以泰勒的理论为基础。泰勒认为："评价实质上是一个确定课程与教学计划实际达到教育目标程度的过程。然而，由于教育目标实质上是指人的行为变化，即其所确定的目标是指向于使学生行为方式所期望的某种变化。因此，评价是确定（学生）实际发生的行为变化程度的过程。"具体的评价程序有以下四个步骤：一是确定课程目标；二是根据目标选择课程内容；三是根据目标组织课程内容；四是根据目标评价课程。其中确定目标最为关键，因为其他步骤都是围绕目标而展开的。

目标评价模式主要有以下特点：

（1）目标评价模式逻辑清晰、操作性强、使用方便、工作流程简单。例如，可用它评价学生的学业成绩、诊断学生的学习困难，评价课程的实施效果。在实际中，目标评价模式使用很广，经常用于较大规模的团体评定，以便给公众提供有用信息。

（2）目标评价模式扩大了教育评价的范围。评价关注点由学生转向课程方案，并由此引出对师生的教与学行为的交互评价。这就要求评价人员除了解学生外还要了解教学目标、教学的行为目标、目标实施的程序等。这是对评价领域的一个重要贡献，促进了教育评价的科学化。在此之前，评价主要是评价学生，评价关注点是学生对知识的掌握情况。

（3）目标评价模式功效高。目标评价模式将评价与教学活动有机地结合起来，将结果与目标进行比较，获得学生和教学方面的信息，直接了解学生学习成绩与目标要求之间的差异，直接判断学生的学习情况。这大大提高了评价的功效，使评价者能很快地掌握教与学的信息。

目标评价模式有其自身的局限：

目标评价模式未考虑个人的意愿与兴趣，忽略了学习者的主体性、自主性，把课程内容仅作为达成目的的一种手段，忽视过程和方法，强调结果和效率。其实，教育活动是一个十分复杂的过程，有预期结果的出现，也可能有非预期结果的出现。目标评价模式没有考虑课程实施之前的因素，也没有考虑实施过程中的因素及特定的教学情景，只是将结果与预期目标放在一起进行比较，只评价了结果，忽视了实施过程中其他有价值的东西，忽视了目标以外的结果，于是评价成了课程开发的最后环节。目标评价模式过于强调预先确定目标，关注学生学习成绩，事实上不是所有的目标都可以量化，如学生行为变化中情感、态度等那些难以量化的东西如何评价，则没有有效的测量方法，属于典型的、注重结果的终结性评价。目标评价模式过于强调预先确定目标，看重预期目标的实现，却忽视了对目标本身的评价，没有考虑目标的科学性、合理性。社会需求不同，课程丰富多样，学生也千差万别，如果用统一的标准去评判，得出的评价结果不能完全让人信服。

（二）表象评价模式

斯塔克提出的表象评价模式，充实和发展了以目标为评价依据的泰勒模式，其认为评价者不仅应有教师和学生，而且还应有外界专家、新闻工作者和心理学家等。与目标评价模式的学者们不同，斯塔克不大注重目标，而比较注重描述和判断。斯塔克确定了收集课程评价资料的三个领域："前提或先行条件—教学的前提领域；实施—教学的实施领域；结果—教学的效果领域。"对于这三个领域，斯塔克分别建立了两个矩阵来代表将要收集的两类信息，即描述信息和判断信息。描述信息包括预测课程计划实现的内容和观察实际的情况两个部分；判断信息包括课程计划的理想愿望的判断标准和对实际进行的计划的意见与评判两个部分。

表象评价模式是一种比较全面的评价课程的模式，其兼顾预定目标与实际效果；强调评价主体的多元性；强调定性分析方法的使用，避免单一定量方法的倾向；强调由偏重社会价值到关注个体价值、兼顾多元价值的转变，体现了价值取向的多元性。运用表象评价模式，能比较准确地找出课程在哪些方面存在哪些问题与不足。但所要了解和处理的内容繁多，对资料难以作出准确的分析。

（三）目标游离评价模式

目标评价模式由于过分重视预定目标，不太重视目标以外的非预期效果，从而大大地缩小了评价的范围、降低了评价的意义。对此，斯克瑞文提出了目标游离评价模式，其旨在避免目标的主观性和绝对限制。目标游离评价模式认为：教育过程中不仅产生预期的教育目标行为，而且还会产生非预期的教育目标行为；与此同时，评价过程中也会产生预期效果与非预期效果。如果只是对预期目标与效果进行分析研究，那就会局限于主观的预期目标。所以在评价中关注预期目标与效果的同时，还要关注游离于预期目标以外实现的非预期效果，即教育活动全部的、真实的成效。

目标游离评价模式明确提出课程目标与课程评价标准的"游离"，使课程评价在一定程度上摆脱了既定目标的制约，关注预期与非预期的教育效果关注课程实施的实效。这使得教师、学生不受既定目标的约束，能在自由和宽松的环境中进行教与学，也能更充分、更全面地关注和评价课程实施中的教学实际。可以说，目标游离评价模式注意到了课程评价中人的因素，关注个体的自由发展。这种评价模式认为学生应该是自我创造、自我实现和自由发展的人，课程制定者是影响课程实施和学生发展的因素。目标游离评价模式以消费者的需要为导向，开辟了一个新的研究领域；着力于打破课程制定者对课程评价的垄断，为更多的人参与到课程评价中提供了更大的可能性，较好地促进了形成性评价与成果性评价的结合。

目标游离评价模式有其优点，也有其缺陷：它不是一个完善的模式，可以说它只是一种评价的思想和原则；对于如何开展评价，它没有一个详细的程序，也没有操作的具体规则。

（四）CIPP 评价模式

CIPP 评价模式，最早是由斯塔弗尔比姆提出的，它是一个整合性的课程评价模式。斯塔弗尔比姆认为，"评价最重要的目的不是证明，而是改进""评价是作为一种工具，为决策提供信息的过程"。因此，最重要的是评价为课程的决策提供评价材料。CIPP 评价模式包括材料收集的四个阶段：背景评价阶段、输入评价阶段、过程评价阶段、成果评价阶段。这种模式分为四种评价决策类型："确定目标的计划决策；设计教学程序的建构决策；运用、管理和改善程序的实施决策；对结果进行判断和反映的再循环决策。"

（五）发展性评价模式

发展性评价模式最先由英国开放大学教育学院学者纳托尔和克利夫特提出。他们认为以往的教育评价模式过于注重考查被评价实践主体的过去，不利于教育评价实践主体的良性发展，而且会恶化评价实践主体之间的正常关系。发展性评价模式主张评价必须由关注过去转向重视未来，所要实现的目的应该是促进教育评价实践主体的发展，使被评价主体在发展性教育评价活动中不断认识自我、发现自我、发展自我、完善自我，优化自我结构，自觉改掉缺点、发扬优点，逐步实现不同层次的发展目标。由此可见，评价实践主体的未来发展是发展性评价模式的重中之重。

与传统的课程评价相比，发展性课程评价有着自身明显的优越性，其对提升教师的专业水平和促进学生的全面发展有着十分积极的意义，在高等教育课程改革中发挥着导向与质量监控的作用。但此模式很难在经济不发达地区推广，而且要消耗很多的教育资源。

第二节　高校思政课程评价存在的问题及对策

当前，高校学生通过高校的思政课程来接受思想教育。高校思政课对培养德智体美劳全面发展的社会主义建设者和接班人有重要作用，因此，党和国家高度重视思政教育。当今国内外的形势处于不断变化之中，在此背景下高校对课程建设和课程评价等方面取得了一定的成绩。但是，当前高校思政课程评价还存在一定的问题。

一、高校思政课程教学评价的问题

（一）教学评价指标缺乏科学性

首先，高校思政课教学评价是综合性评价，相应地需要构建多维度的评价指标体系，但目前高校思政课程评价指标比较单一，单维度的评价较多，多维度的评价能力不足。虽然有些研究中也尝试从多维的视角构建高校思政课程评价指标体系，但指标体系中评价指标的选取缺乏合理性，不足以支撑多维度评价。其次，由于思政课的教学内容复杂难以量化，没有具体明确的数字性指标可供操作，所以现阶段关于思政课的教学评价中，缺乏使用逻辑化、数量化的指标来进行科学性的定量评价。思想政治是一门具有高度概念化和思维性的学科，在这一学科的教学过程中主要运用的是抽象度较高的思维，而非使用逻辑性较强的思维。多数评价指标主要强调的仍是概念化的评判，而概念化的评判相对而言有高度的主观性和抽象性；可能会根据评价者的自我偏好，甚至可能会由某一偶然性、个性化的因素导致对同一思政课教学评价的结果存在较大差异。从某种意义上来说，思政课评价指标体系的公正与否、可量化与否直接关系着该评价指标最终的代表性含义。最后，目前高校思政课评价过于注重对结果的评价，忽略了对思政课过程的评价，使得许多量化和非量化的思政课程指标走向异化，被评价者从客观和主观上对结果导向的思政课评价体系产生了路径依赖。

（二）教学评价内容缺乏完整性

一方面，现阶段针对高校思政课的总体评价内容不完整，各类评价指标体系缺少深层次的逻辑表达，评价内容忽视了学生对课程的接受程度。此外，现在高校思政课程评价内容主要集中于逻辑性判断方面。思政课程受到多方面的影响，其课程效果总体上是内外部环境相互作用的综合化结果，对其评价应该是全方位、立体的。但是现在的思政课教学评价很多时候只是重视了逻辑性的评价表达，是对无法量化的评价内容进行的浅层次评价。这些评价仅仅是对思政课的外部行为进行的浅层次的逻辑性表达，而没有深入思政课内部对教学质量进行深层次的逻辑性表达。另一方面，现有的评价指标体系中存在评价对象单一性问题。现阶段，很多高校对思政课评价集中于对思政课教师的评价，虽然思政课教师在思政课程教学体系中占有重要地位，但是思政课的教学实践是由学生、教师、学校甚至是环境等多方因素共同合作完成的，其中最核心的是思政课教师和学生，而现有的相关思政课评价内容主要针对的是教师的课程评价，在学生对课程接受度评价方面存在不足。

（三）评价方法缺乏多元性

现阶段，思政课教学评价的方法多是单一性的、传统性的。思政课的多维度综合性评价需要采用多元化的方法来实现。但目前的思政课教学评价方法仍是较为单一的课程评价。这种课程评价更加强调学生对思政课教师的主观性评价，或者是开展相关的理论研讨会、学习分享会等"粗放式"的评价。这些传统的思政课程教学评价方法在信息化、精准化教学的时代，难以支撑完整的评价框架和对思政课程进行多维度评价。当前高校思政课评价指标体系更多的是一种程式化、程序性的评价，在新技术的运用、学科评价的考查框架建立，以及不同的评价体系方法选择上有很大的局限性，这就导致现有的思政课程评价往往不能取得令人信服的结果，从评价结果改进思政课程时面临许多困难。

（四）评价结果缺乏权威性

高校思政课教学评价结果的权威性需要具备两个基础性条件：评价人员的专业性和评价结果的可比较性。但综合分析现有高校思政课教学评价的文献及实践可以发现，当前这两个基础性条件都存在明显的不足。一是目前思政课评价人员专业性不强。思政课的教学评价人员素质参差不齐，一部分教学评价工作者自身没有思政课教学经验或者这种经验不足，他们还不能全面把握评价体系教学结构变化等教学评价所涉及的内容，这就导致在教学评价的过程中出现由不专业的评价人员去评价专业教师的问题。这会影响教学评价的客观性和正确性，导致评价的结果和教学的实际结果不符合甚至偏差很大，不能够精准地反馈出教学的效果，致使教学评价的权威性受到影响。

二是评价结果缺乏量化和可比较性。思政课评价结果往往无法形成量化的评价数据，仅仅在教学评估过程中给出"良好""合格"等所谓概念化的评价。这种评价不具有建设性，很难由结果反推出思政课教学的优缺点，也不能使评价结果具有权威性。

二、教学评价指标体系的多元化完善方法

（一）明确多元化评价目标

在高校思政课多元化评价模式下，同时存在多重考核目标。其中最为关键的两点是对学生学习成效和教师教学水平的考核。通过对学生成绩的考核，可以及时地找出学生在学习过程中的不足之处，帮助教师了解学生的学习现状、认真程度及学习障碍，从而使师生明确下一步的努力方向与教学侧重点，促进教学质量的提升；通过对教师教学水平的考核可以让教师及时发现自身教学工作中存在的问题与不足，从而有针对性地优化教学策略，促使教师主动提升教学能力，学习更加先进科学的教学方法，大力推进教学改革，为取得理想的教学效果提供必要的支持与保障。

（二）制定多元化评价内容

总的来说，高校思政课多元化评价体系的构建，除了需要对思政课程教学内容，以及相关实践教学成果进行考核评价外，还需要对教师所采用的教学方法、教学理念、教学环境的构建、教学管理成效等多个方面进行综合考核与评价。只有同时兼顾这几个方面，才能促使学生的学习动力、学习质量及教师教学水平的不断提升，显现出多元化评价体系的综合实用价值。首先，在理论知识方面重点考查高校学生对马克思主义基本理论、中国特色社会主义理论、社会主义核心价值体系，以及中华民族传统文化的掌握情况；其次，在实践考核方面侧重于考查高校学生是否具备国家荣誉感、社会责任感、民族认同感及集体荣誉感，考查学生能否运用思政课程理论知识解决各种现实问题；最后，在教师教学水平方面，通过考查，了解高校思政课教师的教学理念是否先进科学，工作态度是否勤勉积极，个人素养是否符合党、国家及人民的要求，是否能够成为一名深受学生爱戴和敬佩的好教师，是否具备较强的自主学习意识，是否能够实现教学水平的不断提升。

（三）选择多元化评价方式

在高校思政课多元化评价模式下，首先要实现考核方式的多样化，除保留试卷考核、理论知识考核等常规方式外，还要融入一些实践类考核。例如，让学生针对某个社会热点事件、真人真事进行案例分析，提出个人主张及见解，以此来检验学生的思政水平、思维能力、语言表达能力等多个方面能力。教师还可以从学生平时的课堂表现、实践任务完成情况，以及学习态度等方面进行分数上的量化，构建起真正意义上的多元化评价体系。与此同时，教师还可以通过丰富评价主体的方式来构建多元化评价体系，如组织学生开展自我评价和学生互评之后按照一定的分数比例对评价结果进行量化，最终将相应的分数纳入期末考核总分数，形成一个由多元主体共同打造的评分体系，使评价结果的客观真实性、参考价值及指导意义得到最大程度的体现。

（四）确定多元化评价指标

高校思政课教师多元化评价体系，并不只涉及一个或者两个评价指标，其涉及的评价指标较多,评价结果是否真实客观,是否能够发挥其指导作用受到评价指标的影响。所以在高校思政课多元化评价体系的构建过程中,必须以相关指导精神为主导,以习近平总书记考察北京师范大学时所提到"四有"好教师为主要标准,突出高校思政课程时代性、创新性与指导性等教学特色,针对各个评价要素进行合理设置,最大限度地细化评价指标,注重自评方法的实用性与有效性。具体涉及以下几项评价指标:

首先,对传统课堂授课成果进行评价。一名优秀的高校思政教师,应该在课堂教学的过程中以正确政治方向引导学生,用幽默风趣、深入浅出的语言吸引学生的注意力,启发学生的思维,激发学生的学习兴趣,为思政课教学质量的提高提供必要保障。同时,教师还要灵活运用思政理论来诠释高校学生所关注的社会热点问题,通过为学生答疑解惑,实现思政理论知识的渗透与传播,帮助学生树立正确的世界观、人生观与价值观,学生具备明辨是非的能力与素养。其次,针对社会实践课堂教学成果进行评价。在高校教学体系当中开设思政课程,其主要目标是全面培养高校学生的人文素养,加强高校学生的社会属性,使学生能够在今后的职业发展和人生道路走得更加顺畅,为社会和国家作出更多积极的贡献。因此,在思政课多元评价体系中,要重点考查教师和学生是否具备渊博的学识、学术钻研精神、无私奉献精神及吃苦耐劳的坚强毅力。最后,针对网络课堂教学成效进行考核。在互联网时代,不论是工作学习还是日常生活,都离不开互联网的支持。在高校思政课程教学与评价的过程中,必然会运用网络技术对思政教学内容进行传播与渗透,将社会主义核心价值观和各种正确的思政观念深深地根植于高校学生心中,为其今后的人生道路做好铺垫。

第九章　课程思政与思政课程同向而行及协同发展

第一节　课程思政与思政课程的关系

课程思政和思政课程是国内各高校执行思政教育任务的必要措施,二者在本质上具有差异性,但也具有一定的价值统一性。近年来,我国高度重视"大思政"体系的构建,积极开展"立德"和"树人"的一体化教育。在"大思政"格局的建设中,课程思政与思政课程发挥着重要的作用。从教学的角度来看,高校应坚持以社会主义办学为主要方向,由思政课程向课程思政转变。与此同时,课程思政能否有效开展,需要思政课程和专业课程等各类学科充分发挥自身的作用和价值,在高校教学过程中实现优势互补。

综上所述,厘清课程思政与思政课程的关系有助于高校教学工作。

一、课程思政与思政课程的本质差异

（一）"思政"内容的差异

课程思政中的"思政"内容不同于思政课程中的"思政",课程思政是"隐性"课程,这与思政课程大相径庭;思政课程则是"显性"课程。课程思政要求高校教师特别关注对学生思想价值的引导,在其他各类课程中均要培育学生的政治意识,如专业课、通识课。思政课程中的"思政"是重视思想政治理论知识的传授,以及思政教育工作的开展。思政课程是高校学生的必修课,需要向学生讲授马克思主义基本原理,是高校学生接受思政教育的主要方式。在课程思政的大背景下,专业课和通识课的教学设计不仅包括必修课, 还包括选修课。与思政课程不同的是, 在专业课和通识课的课堂上, 思政教育是通过激发学生的爱国情怀和政治意识,以及向学生弘扬中华优秀传统文化来发挥对高校学生的思想价值引领作用的。从德育的角度来看,有研究者认为, 德育也是一种隐性教育, 即在其他课程中融入"德育元素",进而开展对学生的"道德教育"。德育的特点与课程思政有相似之处, 它们都具有隐蔽性和渗透性。在专业课程中融入科学精神和创新思维,使高校学生在收获专业知识的同时, 受到道德教育的引导和熏陶, 能够改善自身的价值选择和综合素质。

所以, 课程思政重视思想价值引领, 将其放在首位, 但是不能取代对于专业知识和其他课程知识的学习。一方面,专业课的"去行政化"十分重要,高校需要区分思政课程和专业课程中"思政"内容的不同, 只有这样, 课程思政和思政课程中的"思政"内容才能不被混淆。值得注意的是, 课程思政不能单一地等同于专业课思政或思政课程,因为它们在本质上具有一定的差异。在课程思政开展的过程中, 要防止变成专业课思政, 也就是说要遵循专业课的教学规律和方式,不能在专业课中过度强调思政教育, 以免课程的性质发生变化, 使其变为思政课程。另一方面, 也应该避免思政课的"通识化", 即对思政课的重点把握不到位,重点在放大通识性内容,导致思政课的教学内容和教学重点产生偏差,最后变为通识课。课程思政是在其他各类学科中融入思政教育,而不是改变其他课程的教学方向和重点。若在课程思政的改革过程中,出现上述两种情况, 则有悖于课程思政的初衷。因此, 明确课程思政和思政课程中"思政"内容的不同之处, 有利于二者发挥各自的优势。

(二)"思政"重点的差异

思政课程的重点在于激发学生对思想政治理论部分的学习,它是国内各个高校需要开设的必修课程。而课程思政重视思想价值的引领,强调在授课的过程中,侧面突出思政教育的重要性。要正确把握好思政课程中的"思政"和课程思政中的"思政"重点，不能将二者混淆，并明确课程思政的重点在于把"思政元素"加入专业课中，而不是把思政课程的全部内容照抄照搬到专业课上来。

从教学内容的角度分析可知，思政课程的教学重点是培养高校学生的思维逻辑能力，促使加强他们对思想政治理论知识的学习，使其掌握相关的学习方法。因此，高校的思政课程通常采用开设必修课的方式，对高校学生开展全方位的思想政治理论教育。而课程思政的重点是高校教师在传授专业知识的基础上，加强对于学生的思想引导，强化他们的政治觉悟，培养其大局意识。高校的党员教师更应该充分利用自身的优势，做国家"大思政"育人理念的有力践行者，帮助学生开阔视野，提高他们的思想理论素养。由此可知，思政课程强调思政的理论学习教育，而课程思政在此基础上，还重视对学生思想和精神层面的引导。

从对教师的要求方面可以看出，课程思政中的"思政"和思政课程中的"思政"重点不同。目前，国内高校高度重视对于课程思政的建设工作，但开展课程思政并非把全部课程"思政化"，高校教师应把握思政课程和课程思政中"思政"的不同重点，把握好"度"。课程思政的开展，要求高校教师在教好专业知识的基础上，引入"思政元素"，但不是引入越多越好，而是从专业的角度，将与课程内容相关的思政元素进行融合，再讲授给学生。高校教师不能将与专业课内容无关的思政元素在课堂上灌输和传授给学生，这样做只会画蛇添足，导致专业课变成思政课，学生既没有学习到专业知识，也没有理解透彻思想政治理论。高校开展思政教育工作，必须通过思政课程这个主要渠道。因为，思政课程具有相对完整的理论体系。另外，各类课程还需同步而行，互相配合，从而培养学生对于抽象概念的理解能力，引导学生把在专业课中积累的实践经验融入思政理论的学习中，并进行升华，丰富专业课的内在价值。无论是思政课教师还是专业课教师都应该守好各自的"渠"，把握好二者之间"思政"重点的不同，共同完善"大思政"育人体系。

（三）"思政"地位的差异

新时代"大思政"育人体系下，高校的课程思政和思政课程同处在主要位置上，但二者"思政"的地位存在明显差异，前者居于思政教育的主导地位，后者又是前者的有力支撑。课程思政注重学生在掌握专业知识的基础上，明确自己的职业方向和学习该专业的实际使命。与此同时，高校会根据专业课的不同类别，开发符合其专业范畴的思政教育功能，这样不仅能凸显思政教育学科独特的育人优势，还可以体现专业课独特的育人功能。目前，我国高校学生的思想信念和精神支撑容易遭到侵袭，思政课程作为"坚固堤坝"，通过教授理论知识向学生进行思政教育，为他们的成长保驾护航，使他们在成长的道路上坚定自己的信仰。课程思政的建设是协助思政课程完成任务的主要举措。课程思政使隐藏在其他各类专业课程中的"思政元素"得以挖掘，对思政课程教学的内容进行升华与总结。高校专业课教师在课堂上引入"思政元素"，可以对学生进行精神层面的引导，使课堂的内容和形式更加丰富，培养高校学生学习思想政治理论知识的热情，进而防止出现思政教育的"孤岛"现象，确保专业教育和思政教育有效融合，实现价值引导和知识传递的作用。思政课程有助于课程思政的开展，它是课程思政顺利进行的基础和前提。而课程思政作为思政课程的补充与拓展，有助于思政课程有重点、有层次地建设，使思政教育工作得到全面落实与开展。坚持构建"全员、全过程、全方位"育人体系，不仅要保持思政课程的重要地位不动摇，还要特别重视课程思政的补充与完善作用，充分发挥二者之间的协同效应。在全国高校思想政治工作会议上，习近平总书记曾特别强调："思想政治理论课要坚持在改进中加强，提升思政教育亲和力和针对性，满足学生成长发展需求和期待，其他各门课程要守好一段渠、种好责任田，使各类课程与思想政治理论课同向同行，形成协同效应。"思政理论课是形成协同效应的基础和主导，同时，它也是学生学习马克思主义的重要载体，因而需要重点建设。为此，《高等学校课程思政建设指导纲要》明确指出："要进一步办好高校思政课，充分发挥思政课的主渠道作用，深入实施高校思政课建设体系创新计划，完善教材体系，提高教师素质，创新教学方法，增强教学的吸引力、说服力、感染力。"高校要充分利用课堂教学这个"主渠道"，保持课程思政和思政课程的同向而行，二者协同发展。在改进思政课程的基础上，注重课程思政的建设和开展，改善师资队伍，强化教学手段与方式，将专业课和思政课程进行有效融合，真正达到高校主张的"协同育人"效应。

二、课程思政与思政课程的价值统一

（一）育人目标的价值统一

思政课程和课程思政拥有同样的育人目标——立德树人。各个高校的教育工作不仅是为了教授学生专业知识，同时也要注重"德育"工作的进行，德育和智育同等重要，要双管齐下。高校应着重关注专业课程中的德育内容，进行德育就需要通过思政教育这个主要渠道，且德育的传播离不开思政课程和课程思政，二者在育人目标方面保持着高度一致。高校应该明确目标，使学生不受西方不良思潮的影响，让他们意识到学习思想政治理论的重要性。高校教师也应在保证学生学好专业知识的同时，引导他们成为有正确政治信仰的学生。毫无疑问，思政课程和课程思政应保持"同向而行"。

有学者认为"保持二者相同的政治方向，应该做到坚持以社会主义办学为方向，以思政教育为引领"。因此，在实际教学的过程中，其他各类专业课也应该与思政课程的政治方向保持高度一致，构建协同育人体系。课程思政的建设可以为专业课增加活力，走出长期与思政教育脱离的困境，也有助于思政课程走出"孤岛"，所以保持思政课程和课程思政教学目标的一致性，有助于高校明确社会主义办学方向，还可以提高高校思政建设的效率，提高高校教育工作的质量。

习近平总书记指出："古今中外，每个国家都是按照自己的政治要求来培养人的，世界一流大学都是在服务自己国家发展中成长起来的。我国社会主义教育就是要培养社会主义建设者和接班人。"习近平总书记曾多次强调我国高校开展课程思政的主要目标——培养社会主义合格建设者和可靠接班人。高校须重视对学生的思政教育工作，不仅要教书更要育人。高校是社会主义意识形态建设的主要阵地，应该抵制腐朽的思想文化，拒绝不良观念的侵蚀。高校要加强教师队伍的建设，改进授课思路和讲课方式，提高自身的教学水平，不再只是以"教书"为教育目标，与此同时，还要实现"育人"，体现高等教育的真正价值。因此，无论是专业课教师还是思政课教师都应利用课堂教学的主要渠道，大力弘扬社会主义先进文化，用先进的思想文化引导学生健康发展，让学生学会利用"中国特色社会主义理论体系"武装自己。课程思政和思政课程都是我国思政教育工作的重要组成部分，二者是一个共同体，它们的共同目标是一致的，都是实现"立德树人"的主要任务，从而为社会主义事业的建设工作培育人才。

（二）教学要求的价值统一

课程思政的建设不仅对专业课中的"思政"内容做出了严格的要求，也对思政课制定了更高的标准。思政课程作为思政教育的主要传播方式，高校内所有相关人员都应履行自身的教育职责，不断提升思想文化修养，自觉承担起高校教育工作的重要使命。就本质而言，高校充分发挥思政教育的功能和价值，就要把课程思政和思政教育贯穿于教学的全过程，可以使学生了解和接受思政教育。思政课程是高校学生接受思政教育的主要阵地和渠道，更是构成课程思政的重要组成部分，应该充分发挥其价值引导作用。同时，思政课应全面落实课程思政的教学理念，思政课的本质要求是要保持自身的意识形态性，高校教师必须做到可信、可靠、可敬，避免出现迎合思政课程教育的现象。无论是思政课程还是课程思政都是在实施思政教育，都要求高校全体师生树立"四个意识"，坚定"四个自信"，保持自己的政治立场，成为传播思政教育的主体力量。课程思政不同于以往的教育，它有更新、更高的要求；思政课程的教学要求也越来越严格，因此二者在教学要求上具有一致性。课程思政的建设需要贯彻落实到各类学科中，包括思政课程在内，课程思政并不是简单的非思政课程的思政教育，它也对其他各类课程提出了严格的要求。在授课过程中，这些课程需要重视对高校学生价值观、道德观、意识形态等多方面的教育，致力于为社会主义发展培养优秀人才。思政课高度遵守课程思政的建设要求，巩固"思政育人"的重要地位，在为学生传授知识的过程中，要特别重视意识形态教育，要遵守"不把敏感话题带入课堂"的纪律，要充分履行思政教育职责。在德育建设部分，其他各类学科也需要进行强化。高校突出强调思政课教师要主动担负起"立德树人"、教书育人的重任，对专业课教师也做出了同样的要求，二者应互相合作，同向而行。专业课教师应发挥自身的长处，利用丰富的专业知识和技能将思政课程的内容和专业课的内容进行有效结合，有针对性地对学生开展思政教育工作，进而为社会主义事业的建设工作培育优秀人才。毋庸置疑，思政课程和课程思政都对高校教师提出了更高的标准，要求高校教师必须具备良好的道德品质，只有这样才可以对学生开展思政教育，成为育人体系的重要力量。

（三）根本使命的价值统一

高校教育改革需要考虑的首要问题就是"培育什么类型的人才"，在我国高校实行高等教育的过程中，课程思政和思政课程都肩负着"立德"和"树人"的根本使命，对于实施思政教育工作以及体现教育内涵式发展都起到不可或缺的作用。在全国教育大会上，习近平总书记指出"我国是中国共产党领导的社会主义国家，这就决定了我们的教育必须把培养社会主义建设者和接班人作为根本任务，培养一代又一代拥护中国共产党领导和我国社会主义制度、立志为中国特色社会主义奋斗终身的有用人才"。毫无疑问，我国高校教育的根本任务是为党、为国家和社会培养符合时代要求的接班人和建设者，这也是高校当仁不让的时代使命。课程思政和思政课程的协同发展有助于当代学生把个人理想信念、国家命运和民族大义有机联系起来，无论是课程思政还是思政课程都会开设各类主题教育，如思政教育爱国主义教育和道德教育等，告诫学生把国家和人民群众的利益放在首位，并树立远大志向，坚定自己的政治信仰和理想信念。只有这样才能为党的事业发展注入青年一代的新鲜血脉，进而确保我国特色社会事业的可持续发展。在新时代育人背景下，我国各高校肩负着重要的使命——为党和国家培育德智体美劳全面发展的优秀人才。想要完成这一使命，就需要课程思政和思政课程协同发展，需要所有教育工作者一同努力。如今，我国高校不仅重视对学生的思政教育，还注重营造思想政治工作的良好氛围，对学生进行有针对性的授课，为提高思政教育的效率和质量，所有课程都责无旁贷，必须齐头并进。课程思政和思政课程的协同作用有助于高校形成"三全"育人体系，因此高校所有课程都应坚持学生为主体，高校教师为载体，时刻关注学生的思想动态，真正做到为学生服务，提高他们的思想境界、道德水平和政治素养，使他们成为真正意义上的全面发展型人才。高校教师在对学生进行思政教育时，要遵循教学的基本规律，切忌急于求成。高校教师应当遵从学生的成长轨迹，采取"循序渐进"的教学思路，不断探索全新的教学方法，提高自身的创新意识和整体的工作水平。高校教师还应充分利用课堂教学的主要渠道，完善思政课堂的建设，加强思政教育的亲和力，满足学生的期待，符合时代发展的规律，保证思政课程和课程思政共同发挥作用，完成我国高校的根本使命。

第二节 课程思政与思政课程同向同行

一、关于"同向同行"的理解

立德树人，不仅要讲政治、讲信仰，还要讲思维方式、讲智慧。简而言之，高校要培养社会主义建设者和接班人，说到底，不仅要讲政治，讲立场，还要讲能力、讲智慧，讲德才兼备。新时代，中国在世界舞台将扮演更加重要的角色，这就需要培养具有国际化眼光的人才，培养具有国际性眼光的人才，必须要有新的理念、新的思维方式，要有适合全球化进程的创新能力等。课程思政在一定意义上补充了思政课程的相对不足。因此，在新的历史条件下建设课程思政，推动学校合力育人也就显得十分必要，这是真正体现立德树人任务的根本。要推动课程思政与思政课程同向同行，实现全员育人、全过程育人、全方位育人。

进入新时代，既要继续发挥思政课程的主渠道作用，又要发挥课程思政的作用和功能，实现两者同向同行。习近平总书记指出，其他各门课都要守好一段渠、种好责任田，使各类课程与思政课同向同行，形成协同效应。这是当前推动高校思想政治工作的一种重要的路径选择，要求课程思政建设能够与思政课程同向同行。

（一）"同向"问题的理解

课程思政与思政课程"同向"至少要考虑以下几个维度：国家认同、政治认同、道路认同、理论认同、制度认同、文化认同等。归纳起来主要分三个层面，要解决政治方向的一致性、育人方向的一致性和文化认同的统一性三个问题。

1.政治方向的一致性

课程思政与思政课程同向首先要在政治层面具有一致性。课程思政要把握政治方向，要树立大局意识，把握政治大局，与思政课程一道，共同推动学生对国家认同、政治认同。这里包含对中华民族的认同、培养中华民族情感、对当代中国政治认同，以及对马克思主义基本立场、观点和方法的认同等，这是最核心的一点。总之，思政课程正面阐述国家认同、政治认同等；课程思政要遥相呼应，不能拆台。国家大局、政治大局是始终要坚定不移、一以贯之的，不容任何含糊。

2.育人方向的一致性

课程思政与思政课程同向必须要在立德树人、以文化人等育人方向上保持一致。不管是课程思政还是思政课程归根到底在于育人。然而，其方向一致性问题，最核心的是解决"培养什么样的人，为谁服务"的问题。当代中国，育人方向要统一到学习贯彻习近平新时代中国特色社会主义思想层面上来。培养人才是为坚守新时代中国特色社会主义道路，增强道路自信的；是为增强理解和发展新时代中国特色社会主义理论体系服务，增强理论自信的；是为增强理解和发展中国特色社会主义制度服务，增强制度自信的；是为增强理解和发展中国特色社会主义文化服务，增强文化自信的。党的十八大报告指出，中国特色社会主义道路，中国特色社会主义理论体系，中国特色社会主义制度，是党和人民100多年奋斗、创造、积累的根本成就，必须倍加珍惜、始终坚持、不断发展。课程思政与思政课程在育人方向上都要统一到中国道路、中国理论、中国制度、中国文化的认同层面上来，增强道路自信、理论自信、制度自信、文化自信。

3.文化认同的统一性

课程思政与思政课程建设归根到底还是文化认同、价值观认同的问题，这是解决一个民族文化自信的基石。习近平总书记指出，全党要坚定道路自信、理论自信、制度自信、文化自信；文化自信，是更基础、更广泛、更深厚的自信。文化能否自信，关乎教育根本，尤其是当中国发展到现在这个程度，在中国在世界体系中的位置发生一定变化的情况下，文化能否自信，也就显得至关重要。课程思政与思政课程毫无疑问地深层次地触及文化认同、价值观认同问题。但是，课程思政要解决的文化认同、价值观认同必须和思政课程所阐释的文化认同、价值观认同在总体上保持一致，两者要统一起来，不能各说各的，甚至相互矛盾。然而，如何解决两者之间的统一性问题，统一到哪个层面上，亟待深入研究。一般而言，要统一到中华优秀传统文化认同、当代中国文化认同、当代中国价值观认同、人类共同价值观认同层面上来。课程思政与思政课程在当代中国价值观层面的统一性，其实就是社会主义核心价值观。社会主义核心价值观教育是两者的共同认同，也是共同的努力方向。习近平总书记指出，人类社会发展的历史表明，对一个民族、一个国家来说，最持久、最深层的力量是全社会共同认可的核心价值观。核心价值观，承载着一个民族、一个国家的精神追求，体现着一个社会评判是非曲直的价值标准。课程思政与思政课程在价值观教育方面始终要保持一致，坚定当代中国的价值观；只有解决了它们之间的"同向"问题才能比较好地落实"同行"问题。课程思政与思政课程结伴而行、步调一致才是彰显高校思想政治工作效果的根本之道。

（二）"同行"问题的理解

所谓"同行"问题主要是要解决课程思政如何与思政课程步调一致，合力育人，合力培养人的问题。为此，至少要考虑几个问题：步调一致、相互补充、相互促进、共享发展。

（1）步调一致，就是要使课程思政在事关国家认同、政治认同、道路认同、理论认同、制度认同、文化认同等方面始终与思政课程同在一个频道上。也就是说，纳入课程思政系列的课程要在课程标准上进行顶层设计，在课程设置、内容设计等方面进行修订和统筹考虑，根据课程思政的要求和标准进行修订，从而在课程体系建设上体现"立德树人"的根本要求；融入当代中国的价值要求，紧紧把握育人的底线、育人的规范、育人的时代要求等。

（2）相互补充，其目的是推动课程思政与思政课程互补，建构两套互补型的课程体系。为此，不能把思政课程建成课程思政，同样，也不能把课程思政建成思政课程，两者的功能是相互补充的，构成以思政课程为轴心、课程思政为补充的学校思政教育课程体系。要继续深化思政课程的改革，进一步厘清思政课程的功能和边界，明确哪些是思政课程重点要讲的东西哪些是不能承担的任务，从而为课程思政的课程设置提供空间和要求。课程思政的教学设置要在深入研究思政课程根本任务的基础上，进行课程体系的顶层设计，进一步明晰各门课程在立德树人、以文化人的作用和定位，补充内容。

（3）相互促进，主要是课程思政与思政课程相互促进。课程思政要促进思政课程的建设，同样，思政课程也要促进课程思政的发展。这里要解决一个问题，即课程思政在何种意义上促进思政课程建设？一方面，要推动课程思政建设为思政课程提供学科支撑、理论支撑、队伍支撑等。课程思政的多学科性有利于思政课程汲取营养；思政课程也只有根植于课程思政才能孕育更美的花朵。另一方面，思政课程也要促进课程思政的发展，制定课程建设的示范标准、教学规范标准、政治导向标准等，进而起到示范和引领作用。尤其是政治方向上，思政课程要紧跟党中央最新精神，始终在关注、学习党中央精神上走在其他课程的前面，应该提供一套可参考的教学标准；在某些领域引领课程思政的建设，进而使两者相互促进、良性互动。

（4）共享发展，主要是课程思政与思政课程相互共享信息和资源，共同为立德树人服务。共享是人类共同获益的一种价值追求。在信息化时代，课程资源共享是一种重要趋势。课程思政与思政课程如何及时共享信息和资源，对推动学校思想政治工作具有极为重要的作用。课程思政与思政课程共享主要体现在学生思想观念资源共享、课程建设资源共享、教学方式方法共享等。因此，要不断优化共享结构，推动课程思政与思政课程共享发展，协同发展，形成协同效应。

二、课程思政与思政课程同向同行的前提

（一）课程思政与思政课程都把立德树人作为最终目标

"立德"主要通过思政课程的引导来体现，"树人"则主要通过课程思政的教育教学来体现。一方面，当前社会快速发展，经济转型换挡，各种社会思潮相互碰撞，高校学生的思想和价值观或多或少地受到各种冲击，思政课程必须引导学生发现问题、分析问题、解决问题。另一方面，课程思政逐渐成为学校"立德树人"、铸魂育人的重要理念和创新实践。高校要在学习和践行习近平总书记关于教育的重要论述中逐步深化对课程思政的认识，聚焦立德树人根本任务，以课程思政建设和改革为抓手，推进"三全育人"。

（二）课程思政与思政课程都在育人体系中具有重要地位

一方面，要推动思政课程改革，实现课堂教学内容专题化、教学手段现代化、考试方式多样化，使课程要点与思想实际相结合、课堂教学与自主学习相结合、理论学习与实践育人相结合，努力增强思政课程的吸引力和感染力。另一方面，要大力推动以课程思政为目标的课堂教学改革，优化课程设置，完善教学设计，加强教学管理，梳理各门专业课程所蕴含的思政教育元素和承载的思政教育功能，实现思政教育与知识教育的有机统一。高校要用好传统教学"第一课堂"，建立课程思政体系，不断创新知识传授与价值引领相结合的课堂设置，将思政内容融入其他课程，破解"单兵作战"和"孤岛化"困境，让各种教学活动都与思政教育同向同行，形成协同效应。

（三）课程思政与思政课程存在共同的价值引领

长期以来，党和政府倡导将社会主义核心价值观所涉及的国家、社会、公民三个层面的价值要求融为一体。思政课程要引导学生树立正确的世界观、人生观、

价值观,理解马克思主义特别是习近平新时代中国特色社会主义思想的基本内涵、基本立场、基本方法,让学生能够分辨是非,能够用科学理论分析和解答经济社会发展中的现实问题,知其然,更知其所以然。课程思政是一项为党育人、为国育才的系统工程。包括思政课程在内的所有课程都有育人功能,所有教师都肩负价值引领职责。推进课程思政建设是全体教师的共同责任,涉及教育教学全过程、各方面,纵向需要层层激发动力、形成共识;横向需要多部门协同配合、互相支持。

（四）课程思政与思政课程都具有不断完善的内在动力

无论是课程思政还是思政课程,都要不断完善,更加关注课程的综合化主题化发展趋势,加强学科间的联系和整合,注重综合实践活动及学科实践活动、开放性科学实践活动在课程体系中的地位和作用,实现课程整体育人和实践育人。思政课程要根据学生的成长规律和社会对人才的需求,把德智体美劳全面发展的总体要求具体化,明确学生应具备的正确价值观、必备品格和关键能力,突出个人修养、社会关爱、家国情怀,注重自主发展、合作参与、创新实践。高校要秉承"课程承载思政"和"思政寓于课程"的理念,将思政内容贯穿教育教学各个方面,充分发挥课堂教学的主渠道作用,根据不同专业课程特色,推进课程思政建设。

三、推动课程思政与思政课程同向同行的主要对策

（一）明确课程思政与思政课程同向同行的定位

在推动课程思政建设过程中,要明确课程思政与思政课程同向同行的定位。有一点可以明确,不能把课程思政上成思政课程。这就需要对课程思政系列在学校课程体系中进行定位。一般而言,可以将其定位为思政课程的外围课程,或思政课程的拓展课;另外一个定位在于明确校内课程思政和校外课程思政两种类型。就前者而言,不管如何定位都必须要处理好课程思政与其他课程的关系,避免课

程思政泛滥，也避免消解专业课程的定位和功能。还要进一步厘清校外课程思政的内容，课程思政不能仅局限于校内课程还必须向外部拓展，即向社会拓展。课程思政是联通校内外的重要桥梁，也是打通大中小德育实践平台的重要桥梁。课程思政的校外课程如何建设，跟原来的德育实践基地是什么关系，要搞清楚。积极创新授课模式，不断丰富课程思政的内涵和形式，从而提升校内课程思政的解释力和说服力。校内校外联动互促，协同发展。

（二）正确处理同向与同行的辩证关系

同向同行的问题实质上是认识与实践的问题，是认识与实践的统一性问题。同向是同行的前提，同行是同向的目的，既要明确同向的重要性，又要明确同行的现实性、可行性。课程思政唯有与思政课程保持同向，才能为同行创造条件，最终实现结伴同行，形成协同效应。进一步来说，课程思政与思政课程的关系，首先要解决同向问题。这是一个方向性的问题，方向不对再怎么努力也达不到目标。为此，必须明确课程思政的方向要向思政课程靠拢，在政治信仰、核心价值观上保持统一方向。同行属于实践范畴，要求做到结伴而行；通过结伴而行，又反过来检验同向的方式方法问题，形成同向同行的联动效应，真正做到知行合一。

（三）确立课程思政与思政课程同向同行的共同体意识

课程思政与思政课程的共同体意识是反映这两者共同存在的社会意识，包括共同建设课程的共建意识、共同发展课程的共担意识、共同享有课程发展成果的共享意识等。共建意识的身份阐释，共担意识的责任明晰，共享意识的利益诠释都基于对伟大祖国、中华民族、中华文化、中国共产党、中国特色社会主义的认同；基于多元一体的身份归属，守望相助的命运交融，你中有我、我中有你的情感共识。课程思政与思政课程集命运、责任、利益于一体。只有明确共建意识、共担意识、共享意识，构建课程思政与思政课程共有的精神家园，才能推动两者同向同行。

四、建构以思政课程为核心的同向同行运行机制

建设课程思政不是要削弱，抑或取代思政课程，而是要进一步强化思政课程的主导地位。课程思政与思政课程同向同行必须明确思政课程的主导地位，这个主导地位不是说思政课程要去主导其他课程，而是在思政教育过程中思政课程要占核心地位，课程思政系列课程起到补充作用。这就需要建立一种同向同行的运行机制，更好地促进课程思政与思政课程同向同行。为此，要建立"以一导多"的运行机制，所谓"一"即思政课程，所谓"多"即课程思政系列课程。"以一导多"，就是在重大问题上思政课程要起到引领作用、示范作用，并在有条件的情况下引导课程思政建设。高校要建立课程思政与思政课程同向同行联动机制，形成协同效应。两种不同类型的课程要同向同行必须有一种联动机制，打通课程思政系列课程之间的学科壁垒和体制藩篱，整合不同学科资源和教师队伍，形成全校自上而下重视这两种类型课程建设的格局。

五、加强制度创新

课程思政与思政课程同向同行最终依靠制度保障，加强制度创新为课程思政与思政课程同向同行提供根本保障。当前，在学校相关课程设置日趋成熟的时期，不管是盘活存量，还是做好增量工作，都离不开制度设计，需要制度保障。这就要求推动学校制度创新。一方面，要继续推动思政课程建设，使之能够更好地发挥学校思政课的功能；另一方面，要制定激励政策，推动课程思政建设，不断鼓励有条件的学科加入课程思政系列，以制度的形式保障下来，使之能够长期运行，永久运行。最终使得课程思政与思政课程交相呼应、相互促进，同向同行，共同为立德树人服务，为实现中华民族伟大复兴培养优秀人才。

六、推动教学方式创新

一方面，思政课要充分发挥示范效应，凸显主渠道、主课堂的显性功能，进

一步推进教学改革，优化教学内容，创新教学方式，加强课程和教材建设，提高教师队伍综合素质，提升课堂教学效果，不断提升思政课程的实效性与针对性。另一方面，针对课程思政，教师不宜硬性灌输、生硬地给出结论，而应由近及远、由表及里、由浅入深地引导学生理解中国特色社会主义制度的优势和中华人民共和国建设取得的历史性成就；在扎实的文献研究和社会调查的基础上，把家国情怀自然渗入课程的方方面面。课程思政与思政课程同向同行，要求教师不断提高学生获取知识的能力，采取多种方式，包括谈话、讲授、实践活动等，引导学生多学党史、新中国史，自觉接受红色传统教育，不断巩固和升华理想信念。考虑个体差异，改变被动灌输、消极接受的教育模式，引导学生学好国家勋章和国家荣誉称号获得者等模范人物的先进事迹，讲好党的故事、革命的故事、根据地的故事、英雄和烈士的故事等。

第三节 "大思政"育人格局下思政课程与课程思政协同育人

习近平总书记在全国高校思想政治工作会议上强调："要用好课堂教学这个主渠道，思想政治理论课要坚持在改进中加强……其他各门课都要守好一段渠、种好责任田，使各类课程与思想政治理论课同向同行，形成协同效应。"积极谋划和构建"大思政"育人格局是新时代思政教育工作的新任务和新要求。思政课程与课程思政同向同行，是构建"大思政"育人格局的关键路径，是落实立德树人根本的内在要求，是克服思想政治工作"孤岛效应"的重要手段。进入新发展阶段，开启全面建设社会主义现代化国家新征程，必须深入学习贯彻习近平总书记关于高等教育的重要指示精神，从全面贯彻党的教育方针、建设高质量教育体系等方面高位谋划、高点推进。

一、"大思政"育人格局下协同育人的理论基础

"大思政"的核心内涵是"'一体化领导、专业化行、协同化育人'的思想政治工作理念和体制机制"。探索构建"大思政"育人格局,已然成为新时代中国特色社会主义高校的重点工作,同时也是培养堪当民族复兴重任的时代新人的重要路径。"大思政"之"大",重点在于思想政治工作着眼的视野之大、格局之大、体系之大。近年来,许多高等院校积极推进思政课改革创新,开展"大思政"课研学实践圈试点建设,推动思政小课堂与社会大课堂相结合,推动各类课程与思政课同向同行,着力探索构建具有地方特色的"大思政"育人新模式。思政课程与课程思政协同育人之所以能够成为构建"大思政"育人格局的关键路径,归根结底是因为它具有扎实的理论基础。

(一)人的自由全面发展理论

人的自由全面发展理论是支撑思政课程与课程思政协同育人的基本理论。人的自由全面发展理论是马克思关注的中心和重点,马克思在充分吸收人类文明成果的基础上,从人与自然、人与社会、人自身的解放三个维度,提出人类通往全部社会生活领域总体性解放的现实道路,为人类寻求解放、实现自由而全面的发展提供了科学指南,实现人的自由全面发展也逐渐成为中国共产党不懈奋斗的目标。当前,我国通过确立正确的国际战略,创造良好的国内环境,并鼓励和引导个人增强自身的知识水平和创新能力,在交往中丰富和发展自己的社会关系,从而实现人的自由全面发展。个人想要提升自身的知识水平和创新能力,必须通过教育来实现。正如马克思在分析人的自由全面发展与教育之间的关系时强调,"教育不仅是提高社会生产活动的一种方法,而且是造就全面发展的人的唯一方法"。协同育人的教育理念是新时代我国教育界对马克思主义关于人的自由全面发展思想的进一步继承和发展,是对中华人民共和国成立以来关于党的教育工作的经验总结。协同育人的教育理念汲取了中华优秀传统文化的精华,也充分借鉴了其他

国家教育发展的经验，深刻回答了新时代要"培育什么人、怎样培养人、为谁培养人"这一重命题。

（二）思政课程与课程思政的互构关系是夯实协同育人的重要根基

思政课程与课程思政看似极其相似的两个概念，都包含有"思政""课程"词组，但它们绝不是两个词组的重新组合，而是一次真正课程教学改革的重生。思政课程与课程思政具有共同的教育宗旨、政治立场和育人目标，但在主体地位和职能作用等方面有所差异。一是"关键—主体"的地位互构。思政课程是实现铸魂育人的主体部分，通过牢牢把握思政课程在立德树人中的关键地位，充分挖掘其他课程中蕴含的思政教育资源，解决好各类课程和思政课程相互配合的问题，从而发挥所有课程的育人功能。二是"显性—隐性"的内容互构。思政课程的重点在"育人"，具有鲜明的政治属性，更多的要以旗帜鲜明的显性教育来实现，在政治方向和思想价值方面为其他课程的建设发展起到引领作用；课程思政的灵魂是"育才"，主要在推进专业课程建设和专业课堂实施过程中，努力挖掘思政教育元素，如同春风化雨润物无声，实现思想教育和价值引领。只有思政课程和课程思政同向同行，相互配合、相互借力，才能形成协同育人的整体效应，从而在课堂教学主渠道中实现全员、全过程、全方位育人。

（三）协同育人是思政教育实践探索的创新形式

党的二十大报告提出，"必须坚持系统观念""为前瞻性思考、全局性谋划、整体性推进党和国家各项事业提供科学思想方法"。习近平总书记一直强调要善用系统思维能力。善用系统思维能力，就是要坚持系统观念，用系统思维的方法分析和处理问题。构建"思政"育人格局本身是一项系统性工程，需要全体教用系统思维和眼光认识和分析，学会把它放在普遍系的系统中把握，把握各要素之间的相互联系和作用，在这个过程中找到问题的最优解。一是整体规划，顶层设计，综合推进。要用新时代党的创新理论铸魂育人，要树立"一盘棋"的思想，立足现实需要，加强全局性谋划、整体性推进。二是横向协同，整合力量，同向发力。

要不断整合各具优势的平台、师资和资源，共同推动建设"大课堂"、搭建"大平台"、建好"大师资"，促进在全国范围内实现课堂共享、平台共享、师资共享、资源共享。三是纵向贯通，压实责任，层层落实。要强化"大思政课"建设在贯彻落实立德树人根本任务上的全局性和重要性，要加强对"大思政课"建设的示范和监督，还要加强对"大思政课"建设的评价和考核。

二、思政课程和课程思政协同育人的机制构建

在培根铸魂育人方面，思政课程和课程思政无论是承担的任务还是发挥的功能都存在明显的主次区分和侧重差异。思政课程是对学生进行思政教育的主渠道和主阵地，其主要承担的任务是用党的创新理论武装高校学生头脑，帮助高校学生坚定"四个自信"，践行社会主义核心价值观，引导学生积极投身于中国式现代化建设伟大事业中。课程思政是对思政课程的有益补充和完善。课程思政除了要承担学生的思政教育任务外，还有重要的学科和专业教育任务，两个任务都要兼顾，不能顾此失彼。而在功能作用方面，二者侧重不同，思政课程更加注重立德，核心是育人；课程思政更强调树人，核心是育才。

（一）抓好"主阵地"，发挥思政课程的"领舞"作用

思政课程集理论性、思想性、政治性于一身，"是落实立德树人根本任务的关键课程"，在培根铸魂推进过程中发挥着"群舞中领舞"的功效，其作用是其他课程不可替代的。有效发挥思政课程的引领示范作用是推进协同育人的前提，是贯彻落实"三全育人"理念的基础。在新的历史方位下，思政课程要能够有效引领课程思政的政治方向，以培养担当民族复兴大任的时代新人为根本目标，不断引领专业课程的课程设置和价值导向。同时，思政课程蕴含中国特色社会主义现代化建设的思想基因和现实关切，为学生设定新时代的价值坐标，引导学生树立正确的世界观、人生观和价值观。思政课程要从思想层面积极引领课程思政，注重发挥课程思政对学生树立正确"三观"的特殊作用，明确所有课程的育人目标，并能够将这

一培养时代新人的价值追求，不断与专业课程传授体系相融合，在专业课程知识传授中展现思政意蕴。

（二）筑牢"主渠道"，实现课程思政的"共振"效应

思政课程是传播党的创新理论和培育时代新人的专门性、专业性课程。但供给侧的专门性、专业性并不指向唯一性。当知识爆炸、多元思想交锋时，仅凭思政课程难以抵挡意识形态领域较量中的"洪水猛兽"，它会显得"力不从心"和"势单力薄"。因此，必须其他专业课程和通识课程通力合作，才能达到"同频共振"的效应。课程思政让育人渠道实现从"单一化"向"多元化"的转变，有效拓宽育人渠道和育人路径。课程思政不是理论灌输，属于典型的隐性教育，是"春风化雨、润物无声"的熏陶和感染。通过创设富有启发性的情境调动学生的参与性和积极性，引导学生思考情境背后的价值理念，自主探索解决分析问题，在完成知识构建、技能培养的同时树立理想信念，坚定政治立场，涵养道德情操，能够积极配合和辅助思政课程完成立德树人根本任务。课程思政没有统一模式，需要根据不同专业、各门课程的具体实际去探究，教学形式与方法可以多样化。例如，可以根据各专业岗位工作要求，充分对接职业岗位能力规范、深度融合行业新技术、新规范的内容，结合岗位职业能力与职业素养，精准提炼各项目思政元素；创新"四维一体"的新型课程思政教学模式，力图从立德、匠技、塑行、启智四个维度贯穿于"引、学、练、评、悟"课中环节，保证思政融入有递进、有效果，助力实现学生从"体验感悟—思想认同—内化实践"的递进转化；通过理论宣讲、志愿服务、政策解读、劳动教育等，引导学生在服务社会中提升素质和能力等。

（三）坚持"协同融合"育人、推进两类课程互联互通

在人才培养的问题上，思政课程和课程思政的终极目标是高度一致的，但在课程教学的具体实施中，不同性质课程存在着明显的差异性和多元性，正是这种差异性和多元性为思政课程与课程思政互联互通、形成协同融合效应提供了新方向和新尝试。一方面，要尊重各门课程具有的独特性。无论是思政课，还是各类

通识课、综合素质课或者专业课，每一门课程在育人的过程中都有不同的符号系统、文化意义空间及生命表现方式，它具有自身的特殊性。推进协同育人，必须凸显而非淡化课程的特色和差异。一堂好的思政课需要符合"三性一力"标准，"坚持政治性和学理性相统一、价值性和知识性相统一、建设性和批判性相统一"。对于专业课程，则需要专业课教师把自身的政治立场和价值理念润物无声地融入专业课程教育教学中，在知识传授和技能培训中进行思想传播、价值引导、认同深化再到共鸣升华，达到潜移默化的效果。另一方面，要推进各门课程间的良性互动。思政课程与各类课程应发挥各自特点和优势，双轮驱动，协同推进，实现课程之间的互联互通。因此，推进课程思政与思政课程多元化、多样化的协同创新，做好功能定位，分门别类予以推进。高校要对不同学校的特色学科、主干学科进行深入分析，对学校的核心课程、主干课程、枝干课程进行有机统筹，从不同层面划分主次、把握专长，最大限度催化两者的协同育人效应。

三、思政课程与课程思政协同育人的实践策略

（一）加强顶层设计，构建育人新机制

加快推进思政课程与课程思政协同育人是一项系统性、复杂性的工程，需要统筹兼顾、系统谋划、整体推进，更需要通过"总开关"，即顶层设计，为该工程提供系统性规划和指导。完善顶层设计、组织架构和制度安排，是构建协同育人格局的最根本保障。第一，强化高校党委抓课程思政的主体责任，把课程思政工作建设纳入学校总体发展规划中，学校党委书记作为第一责任人，构建立体工作格局和"顶层设计—制度制定—责任细化—实施推进—检查交流—成果积累—反思提升"的循环工作机制，形成时时育人、处处育人、人人育人的良好氛围，帮助全体教职工树立"三全育人"教育理念和强化"课程思政"教学意识，有力推进学校贯彻落实课程思政建设实践。第二，构建学校党委、学院党总支、教师党支部"三线联动"的课程思政工作格局，最终实现全员、全过程、全方位育人的

目标；职能部门务必贯彻落实学校党委有关"课程思政"的工作方案和战略部署，推进"课程思政"工作扎实开展；要按照上级决策部署，紧扣育人主线、强化育人成效，全面细化各项指标任务，做到规定动作不走样，让学生在"三全育人"的大环境下健康成长、奋发成才。

（二）优化教师队伍，打造育人共同体

教师是构建协同育人平台不可或缺的重要一环和关键一招。教师的政治素养、协同育人的认知能力将直接决定协同育人实践开展的实效。因此，构建思政平台协同育人模式，必须重视队伍建设，最大限度地调动主体协同的能动性。协同育人建设必须以打造一支高水平的教师队伍为重点，这要求教师能坚守初心，担当使命，有为国家和民族培育新时代新人的决心和信心，切实提高思想政治理论水平和教学能力，让"思政力量"在教育中发挥重要作用。第一，教师要深化协同育人教育理念，广泛凝聚协同育人共识。其中思政课教师需要主动承担起高校协同育人的"主导者"角色，充分发挥自身的理论功底和学科优势帮助其他课程教师解决认识误区和思想疑惑，带头引导专业课教师从自我认知出发，积极主动参与课程思政建设和德育人才的培养。另外，专业课教师在具备专业知识技能的同时，也要具有良好的政治素养和道德素质。因此，专业课教师要不断学习党的创新理论知识，坚定理论信念，坚守政治立场，引导学生走好人生的每一步。第二，教师之间需要加强沟通与合作，画好协同育人"最大同心圆"。课程思政不是简单的"课程"与"思政"的机械组合，无法以"大水漫灌"方式推进课程思政建设，而应基于不同学科专业的特点和差异，创建"滴水浇灌"的德育模式。思政课教师应该主动"破冰"，精准出击，加强与专业课教师的沟通与交流。高校可以在党委牵头下，建立"一对一帮扶"机制，挑选优质思政课教师深入二级院系直接进行帮扶和指导，从而实现思政元素的供给同专业课程的育人目标、教育对象的需求精准对接，最终让两者的教育能力和水平得到质的飞跃和提升。第三，通过举办多样化的教学沙龙、课程思政教学大赛等教学活动，设置校内课程思政专项课题，要求专业课和思政课教师联合申报，为思政课和专业课教师交流互动创造条

件。通过教师之间的密切沟通和互相学习，从而有效推进教师的成长和进步，为实现思政课程和课程思政协同育人营造良好的环境。

（三）推进课程改革，筑牢育人主阵地

课程建设的质量是影响高校人才培养效果的关键因素，加强课程建设是提高教学质量、提升人才培养水平的重要保障。加快构建协同育人机制，必须在课程建设和课程改革中下功夫。首先，在课程内容的选择上，思政课程与专业课程必须有明确的边界和各自的侧重点，不能混为一谈。毕竟专业课程有其自身的专业特色和课程教学目标，绝不能将专业课程过度"思政化"，把其变成另一门思政课，这样只会顾此失彼，甚至会适得其反，不仅会加速学生逆反心理的产生，甚至会使学生产生厌学抵触情绪。其次，必须有效整合教学内容，创新教育教学方法。专业课教师要善于利用能增强学生政治认同、文化认同、品性养成和磨炼意志的内容元素，着力培养积极道德情感，注重以融入式、嵌入式、渗透式的教学方法实现知识传授与价值引领相统一、"知"与"行"相统一，逐步实现从知识教育到情感教育再到价值教育的育人成效。高明的课程思政内容设计，是将思政内容这颗明珠犹如"天女散花"般"洒"在专业内容中，起到"画龙点睛"的作用。最后，必须充分发挥学科交叉研究与课程思政实践的相辅相成作用。学科交叉研究为课程思政建设提供了扎实的学理支和理论指导。思政课教师与专业课教师可以通过集体备课、座谈研讨等方式就课程思政建设和改革中的疑难问题与核心观点共同探讨及解决并达成共识，推动课程思政教学实践更加科学、规范；反之，课程思政实践也为学科交叉研究输送实践经验和现实反馈，为课程思政理论研究奠定坚实基础，从而形成独创性的课程思政研究成果和话语体系。

（四）完善制度保障，健全育人新工程

为实现协同育人效果的最优化和最大化，除了要加强顶层设计、优化教师队伍、推进课程改革，还需要健全的配套制度加以保障。首先，建立工作联动机制。学校应立足现有师资力量、硬件设施、数字资源等条件进行统一领导，系统规划，

建立并完善好育人目标一致，岗位职责明确，协同运作高效的全局性工作联动机制，促使思政各平台育人活动能协同推进，强化优势，补齐短板，资源共享。其次，要完善激励评价机制。科学的激励评价机制有助于激发教师投身协同育人发展的积极性和主动性。在加快推进思政课程和课程思政协同育人建设过程中，教师高度的职业责任感固然重要，但直接有效的激励机制也不可或缺。这种激励机制既可以体现在物质层面也可体现在精神层面。例如，为了推进课程思政的建设和改革，激励教师积极参与协同育人方面的教育教学研究，学校可以设立专项资金来加以支持，对积极参与协同育人，表现优秀、成绩突出的部门和教师予以奖励。最后，要健全考核评价制度。根据课程思政建设特点及协同育人发展需求，制定科学化、针对化、精细化的考核评价体系，突出强调思想政治素质的考核评价指标，提高关于课程思政建设能力的权重要求，形成"能者上、平者让、劣者下"的评价机制，提高教师们的参与课程思政建设的积极性和创造性。

参考文献

[1]中共中央宣传部.习近平新时代中国特色社会主义思想学习纲要[M].北京:学习出版社、人民出版社,2019.

[2]陈宝生.在新时代全国高等学校本科教育工作会议上的讲话[J].中国高等教育，2018(Z3):4-10.

[3]李哲.试论中日思想政治教育差异性及启示[J].亚太教育,2015(22),77,95.

[4]何红娟."思政课程"到"课程思政"发展的内在逻辑及建构策略[J].思想政治教育研究,2017(05):60-64.

[5]闵辉.课程思政与高校哲学社会科学育人功能[J].思想理论教育,2017(07):21-25.

[6]何玉海.关于"课程思政"的本质内涵与实现路径的探索[J].思想理论教育导刊,2019(10):130-134.

[7]张烁.把思想政治工作贯穿教育教学全过程 开创我国高等教育事业发展新局面［N］.人民日报,2016-12-09(001).

[8]王易.传统文化与思想政治教育创新[M].北京:中国人民大学出版社,2018.

[9]张大良.课程思政：新时期立德树人的根本遵循[J].中国高教研究,2021(01):5-9.

[10]石定芳,廖婧茜.新时代高校课程思政建设的本真、阻碍与进路[J].现代教育管理,2021(04):38-44.

[11]王珩."双一流"建设背景下课程思政的实践路径研究:以中国地质大学（武汉）地质学专业为例［J］.湖北社会科学,2020（08）:148-153.

[12]马克思,恩格斯.马克思恩格斯选集:第2卷［M］.北京:人民出版社,2012.

[13]习近平.在全国教育大会上的讲话［N］.人民日报,2018-09-11（001）.

[14]赵浚,高宝珠.课程思政的价值本源、现实困境与实践进路［J］.湖南第一师范学院学报,2020,20（04）:47-52.

[15]伍醒,顾建民."课程思政"理念的历史逻辑、制度诉求与行动路向［J］.大学教育科学,2019（03）:54-60.

[16]付文军."课程思政"的学术探索:一项研究述论［J］.兰州学刊,2022（03）:30-39.

[17]白彩梅,王树明."课程思政"视域下高校心理教育责任的转变［J］.陕西师范大学学报（哲学社会科学版）,2021,50（02）:170-176.

[18]聂迎娉,傅安洲.意义世界视域下课程思政的价值旨归与根本遵循［J］大学教育科学,2021（01）:71-77.

[19]洪早清,袁声莉.基于课程思政建设的高校课程改革取向与教学质量提升［J］.高校教育管理,2022,16（01）:38-46.

[20]孙越.新时代高校精准思政课程建设研究［J］.学校党建与思想教育,2021（24）:48-50.

[21]丘晓.政治学辞典［M］.成都:四川人民出版社,1986.

[22]李洪修,陈栎旭.知识社会学视域下课程思政的内在逻辑与实现路径[J].大学教育科学,2022(01):28-34.

[23]刘莉莉,董作霖,刘刚.课程思政研究与改革实践［M］.北京:北京航空航天大学出版社,2022.

[24]卓翔芝,张乐乐,石莉,等.高校课程思政建设现状及优化路径[J].西部素质教育,2024,10(24):76-80.

[25]夏静.高校理工科课程思政建设研究[D].济南:山东大学,2022 年.

[26]DOLL W E.A Post-Modern Perspective on Curriculum［M］.New York:Teachers' College Press,1993.